MÉMOIRE

SUR L'OPIUM.

MÉMOIRE

SUR

L'OPIUM;

PAR MICHEL ATTUMONELLI, Médecin de Naples, Professeur de Physiologie, membre de la Société de Médecine de Paris.

(Lu par l'Auteur à la Société de Médecine de Paris.)

A PARIS,

CHEZ LA Ve PANCKOUCKE, Imprimeur-Libraire, rue de Grenelle, faubourg Saint-Germain, N° 321, en face de la rue des Saints-Pères.

AN X. — 1802.

MÉMOIRE SUR L'OPIUM.

La discussion, qui s'est élevée, il y a quelques jours, dans la Société, sur la vertu de l'Opium, et sur les effets qu'il produit dans le corps humain, m'a engagé à exposer mes idées sur l'action de ce remède. La Médecine n'en a pas qui lui ressemble par ses effets prodigieux.

Depuis la plus haute antiquité jusqu'à nous, les médecins ont employé l'opium; mais il n'a pas toujours été en vogue. On craignait beaucoup sa partie vireuse; on croyait qu'il pouvait pallier la maladie; on l'a cru un remède somnifère, qui pendant l'assoupissement suspend, dans le corps, l'action de la cause morbifique, laquelle peut ensuite se déterminer dans quelqu'autre partie, en y causant des irritations; on l'a donc jugé dangereux ou nuisible dans les maladies aiguës, dans lesquelles on ne doit quelquefois l'ordonner qu'après long-tems, lorsque la maladie a fait son cours, et que la nature a pu produire des évacuations salutaires.

En recherchant les opinions, qui ont dominé dans les Écoles, sur les propriétés de l'opium, on trouvera des Médecins qui ont soutenu que sa vertu est équivoque et mal déterminée; que ses effets proviennent très-souvent de la constitution ou du tempérament des personnes qui en font usage; qu'il produit quelquefois des vomissemens, et souvent le sommeil; et qu'il est dans certains cas un remède relâchant, et d'autres fois un tonique. Mais l'opinion, presque générale, a été, que l'opium est un remède sédatif ou calmant, qu'il diminue la contractilité, le mouvement et la sensibilité des solides, et qu'en conséquence il relâche et affaiblit le système nerveux. Ces Médecins ont cru prouver cette théorie par l'observation, qu'une partie tourmentée de douleur a dans ses fibres une augmentation de ton; que les convulsions sont souvent occasionnées par la tension des nerfs; et que c'est dans ce cas, que l'opium peut être utile, en produisant leur relâchement; d'où provient que, pendant son action, la peau se couvre de sueur.

Mais, il n'est pas possible que l'opium puisse avoir des vertus contradictoires, quoiqu'il arrive souvent que, par des dispositions particulières du corps ou par la mobilité des nerfs de l'estomac de celui qui en fait usage, il puisse causer le vomissement. Le quinquina, quoique remède tonique, devient quelquefois un remède purgatif.

Cependant, on ne peut déterminer l'action de

l'opium que par l'observation des effets qu'il produit, et encore par l'analyse des maladies dans lesquelles on l'a trouvé efficace. L'observation a démontré que l'opium occasionne les mêmes effets que le vin ; et les Médecins ont, dès longtems, remarqué cette ressemblance d'action qui existe entr'eux. Les Orientaux font usage de l'opium, au lieu de l'eau-de-vie ; ils en obtiennent les mêmes effets.

Une petite dose d'opium produit un calme et une sérénité agréable ; lorsqu'on l'emploie à une dose un peu plus forte, il anime le système vital, il égaye, donne de la vigueur, et produit de la vivacité dans les sensations et dans les idées. En augmentant encore la dose, il occasionne un engourdissement et une stupeur dans les muscles ; l'ordre des idées se dérègle, et on est pris ensuite d'un sommeil, quelquefois tranquille, et quelquefois agité, qui enfante aussi des illusions agréables ou des phantômes hideux : mais, pris à des doses extrêmes, il cause le sommeil profond, l'apoplexie et même la mort.

L'analyse des maladies, où l'opium est très-utile, peut répandre un grand jour pour découvrir quelle est précisément sa vertu : c'est ce que je tâcherai de faire dans ce Mémoire.

Je démontrerai que l'opium, à une dose modérée, est un remède fortifiant, et qu'il convient dans les maladies où il faut relever la force du système général du corps. Les observations journalières ont prouvé d'ailleurs que ce remède, par son activité, est utile dans les *douleurs*, dans les *convulsions*, dans les *évacuations abondantes*, dans les *hémorrhagies* et dans les *fièvres*. Ces maladies sont très-fréquemment l'effet de l'abattement du système et du défaut d'équilibre des nerfs, distribués dans les différentes parties du corps ; c'est pourquoi elles sont très-bien traitées par un remède, qui, même étant dans l'estomac, dégage une vapeur très-subtile, qui augmente la puissance du cerveau, relève le ressort du système nerveux, communique une action nouvelle aux organes, redresse les fibres des muscles, augmente la circulation du sang et la transpiration, d'où se produit ensuite une sueur qui n'est pas l'effet du relâchement des vaisseaux de la peau, mais de l'accroissement de l'énergie des nerfs. Je vais maintenant considérer en détail les cinq classes des maladies ci-dessus énoncées.

I.

ON croyait que les douleurs étaient l'effet de la distension des fibres, occasionnées par l'irritation que les particules acrimonieuses y produisent; c'est pourquoi on a fait usage des saignées ; on a donné des boissons émollientes et huileuses, pour délayer et adoucir les matières irritantes ; et lorsque tout cela ne produisait pas un effet salutaire, on employait l'opium, qui, en causant un sommeil plus ou moins profond, empêchait de sentir le stimulus de la matière morbifique.

Mais il paraît que la plupart des Médecins se sont aujourd'hui désabusés; ils ne croient plus que les humeurs âcres soient la cause des douleurs. Cette maladie est positivement une affection des solides; les liquides dénaturés sont toujours secondaires; ils sont l'effet de la diminution des excrétions.

Pour le concevoir, il faut se rappeler que le cerveau est l'organe central qui communique sa puissance au système des nerfs : le système des muscles et des vaisseaux, le sang et les liquides ne jouent aucun rôle actif dans l'entretien de la vie. Les nerfs sont la cause du mouvement du cœur : lorsque leur influence diminue, la circulation des fluides se dérange, les organes sécrétoires s'obstruent, et les molécules impures, qui se seraient dégagées par le moyen de la transpiration et des urines, sont arrêtées. Ce sont ces particules qui occasionnent les altérations des liquides; ils deviennent piquans et acrimonieux. L'état du corps, l'âge du malade, le degré de diminution de l'énergie des nerfs, et la variété de l'organe causent les âcretés du sang; cependant il est plusieurs personnes qui ont dans la masse de leur sang beaucoup d'âcreté, et qui n'ont jamais souffert aucune douleur.

Outre cela, les douleurs affectent fréquemment l'estomac et les intestins; mais elles ne sont pas toujours occasionnées par les humeurs croupissantes et dégénérées; elles sont l'effet des distensions nerveuses de ces viscères, indépendamment de la qualité mordicante des liquides; car il y a des cas où l'estomac et les intestins contiennent beaucoup de matières mal digérées, et même de la bile accumulée et altérée, sans qu'elles produisent la moindre affection dolorifique.

Il n'est pas difficile de concevoir que la douleur, quelle qu'elle soit, depuis la plus légère, qui est une lassitude et une espèce de pesanteur, jusqu'à la plus aiguë, n'est qu'un tiraillement des fibres, occasionné par la diminution de l'influence nerveuse dans la partie souffrante. Les nerfs perdent leur équilibre; quelques-uns sont rétrécis, tandis que d'autres sont dans un état de distension. Cet écartement des parties cause le sentiment désagréable ou la douleur.

La colique, par exemple, est produite par une distension des nerfs des intestins; car on ne peut pas croire que, dans cette maladie, le sang se porte avec beaucoup de vîtesse vers la partie malade, le cœur n'étant pas affecté, et le pouls n'étant pas accéléré. La colique flatulente et la bilieuse appartiennent à la même classe. Ce n'est pas précisément la bile qui produit la douleur, mais elle accélère son mouvement et s'accumule dans les intestins, pendant qu'il y a une distraction des fibres dans ses parties. Les alimens mal digérés peuvent aussi dégager beaucoup de fluides élastiques, qui occasionnent la distension des membranes nerveuses, et diminuent l'énergie de leurs nerfs. C'est cette douleur qui produit très-souvent la suppression de l'urine, à cause du défaut des nerfs et des vaisseaux des reins, ou de la diminution de la force des tuniques de la vessie. Enfin la colique du Poitou, causée par l'action des vapeurs métalliques, qui se termine souvent par la paralysie, est également l'effet de l'énergie nerveuse diminuée.

On peut donc conclure que les douleurs proviennent toujours de la diminution de la force des nerfs, et de la distraction des fibres par le défaut d'équilibre. Pour les guérir on n'a pas besoin de relâcher les parties qui sont dans un état d'écartement, mais il faut diminuer la longueur de quelques fibres, et étendre les autres pour les rendre à leur tension naturelle. On obtient cet effet en relevant la force nerveuse et en augmentant la vîtesse du sang.

Il est aisé de voir que l'opium est le remède souverain de ces maladies : ses particules, par leur pénétrabilité, se répandent dans les nerfs, et l'énergie vitale est relevée. La vîtesse du sang augmente dans les vaisseaux de la partie souffrante, et les nerfs rétrécis ou écartés reprennent leur équilibre. L'opium produit le même effet que le vin dans les lassitudes et dans les douleurs de pesanteur, pourvu que celles-ci ne soient pas l'effet de quelque vice organique, ou de quelque tumeur formée par le relâchement des fibres, et par les liquides ramassés dans les vaisseaux et dans le tissu cellulaire.

L'opium est le remède puissant des coliques : il augmente le ton des nerfs des intestins, rétablit leur équilibre ; et c'est ainsi que le volume des gaz intestinaux est diminué. Plusieurs Médecins ont soutenu qu'une partie des intestins étant dans une contraction spasmodique, les purgatifs sont des remèdes très-utiles, parce qu'ils peuvent dissiper la constriction des intestins. Mais on a connu le danger de cette méthode, particulièrement lorsque les purgatifs sont drastiques ; car ils augmentent le spasme, et quelquefois occasionnent le vomissement. La colique ne doit être traitée comme une maladie locale que dans le cas où l'on connaît qu'elle provient des matières ramassées dans les premières voies ; ce qui n'arrive pas fréquemment.

Cette maladie peut devenir mortelle par l'inflammation et par la gangrène des intestins qui peuvent perdre leur ton, et causer la stagnation des fluides. La douleur violente, par la grande sensibilité du canal alimentaire, peut occasionner la gangrène sans que l'inflammation ait parcouru ses périodes ordinaires.

Dans ce cas on ne doit pas changer les remèdes fortifians. Les Médecins ne peuvent trouver d'autres moyens que l'opium et les bains chauds. C'est l'opium qui, par son stimulus, excite le mouvement du cœur et des artères, et le sang est dirigé dans tous les vaisseaux : les nerfs, en augmentant leur action, n'ont plus de ces constrictions qui arrêtent le sang dans les vaisseaux des intestins. On peut encore employer avec succès des frictions de laudanum liquide sur le bas-ventre.

L'opium est également utile dans l'iléus, qui n'est qu'une espèce de colique, ou plutôt son plus haut degré ; et quoique cette maladie ne soit pas non plus accompagnée d'inflammation, parce que le pouls des malades qui en sont affectés est presque toujours petit et serré, néanmoins si on n'emploie promptement le remède dont on parle, il en peut encore suivre l'inflammation et la gangrène des intestins. On doit aussi introduire l'opium dans le corps par le moyen des lavemens, car il relève par son stimulus le mouvement péristaltique des intestins; et si le ventre devient libre, on en peut espérer la guérison. Le tems est trop précieux pour l'employer à adoucir les âcretés qu'on peut supposer dans les premières voies. On a vu qu'il peut se produire des spasmes très-violens : la valvule de Tulpius peut se relâcher et devenir paralytique ; les excrémens peuvent alors passer dans les intestins grêles, dans l'estomac, et sortir par des vomissemens. C'est dans ce cas que les nœuds et les invaginations d'une portion d'intestin peuvent avoir lieu.

Les bains chauds et les cataplasmes émolliens et anodins sont encore utiles dans cette espèce de douleur : outre la chaleur qui ranime les fibres, les particules de l'eau et les molécules des herbes médicamenteuses, qui pénètrent par les pores absorbans, peuvent dissoudre les spasmes et remettre l'équilibre des solides dans la partie souffrante. Dans le cours de ces maladies on a souvent besoin de procurer des évacuations : les purgatifs ne doivent pas être irritans; on peut faire usage de l'huile de Ricin, dont l'utilité a été constamment prouvée.

Plusieurs Médecins croyant que les douleurs proviennent souvent de la diminution de l'influence nerveuse, et qu'elles occasionnent aux malades une faiblesse excessive, ont généralement proscrit la saignée. Cependant il y a bien des cas où la saignée est très-utile, particulièrement lorsque le malade est jeune, et qu'il n'a aucune maladie chronique. Par l'ouverture de la veine, le sang resserré dans les vaisseaux s'échappe avec précipitation, et accélère son mouvement, de sorte que l'équilibre des parties peut bientôt se rétablir. Dans la colique il n'existe pas une pléthore générale, mais il y a dans les intestins un obstacle au cours du sang. Dans ce cas, il faut que le Médecin se range du parti des remèdes locaux. La saignée doit être faite aussi près qu'il est possible du siége du mal. Les sangsues à l'anus deviennent très-utiles dans les coliques et dans les douleurs de matrice : par l'écoulement du sang la circulation devient rapide dans les intestins, et les vaisseaux du bas-ventre sont dégorgés. On a encore l'avantage qu'après la saignée l'opium exerce mieux son action, parce qu'il ne trouve pas des engorgemens dans la partie souffrante.

L'opium est le soulagement des goutteux : il est utile pour calmer la violence des douleurs, et pour diminuer la durée du paroxysme. La crainte de faire rentrer la goutte a rendu douteux, pendant quelque tems, l'usage de ce remède ; mais lorsque l'on considère que cette maladie n'est jamais inflammatoire ; que la douleur qu'on ressent, et la rougeur locale qu'on observe, proviennent de la contraction des nerfs et des vaisseaux des extrémités ; que la goutte est originairement l'effet de la faiblesse du systême, et particulièrement de l'estomac, ainsi que l'a remarqué Sydenham; et que la matière goutteuse n'en est pas la cause, mais l'effet de cette faiblesse, on conviendra que dans cette maladie l'opium doit être très-avantageux.

On peut prouver cette vérité par des observations assez fréquentes. La goutte change souvent de place, en passant d'un pied à l'autre : cette promptitude d'action ne peut pas être attribuée au repompement de la matière goutteuse ; car, étant mêlée au sang, elle devrait se réunir, et ensuite s'arrêter dans une autre partie éloignée du cœur; ce qui est impossible à concevoir. Il n'y a donc dans ce cas qu'un changement d'irritation ; et la goutte étant une maladie de tout le systême, produit une gêne et une tension particulière dans les nerfs du pied : ensuite il peut se produire une constriction pareille dans les nerfs de l'autre, en cessant la contraction des premiers. C'est le même cas dans les métastases qui ont lieu dans plusieurs fièvres aiguës.

Outre cela, les causes qui produisent cette maladie, sont toujours celles qui épuisent le corps; les signes qui l'annoncent sont l'engourdissement et la langueur; et les remèdes qu'on emploie pendant l'intervalle des paroxysmes, et encore pendant leur durée, ne sont que les fortifians. Les saignées et les purgatifs sont nuisibles, quelles qu'en soient les circonstances, si on en execepte l'application des sangsues sur le pied, qui peut quelquefois être utile. D'ailleurs les Médecins anciens et modernes conviennent, que dans l'intervalle du paroxysme, les remèdes diaphorétiques sont avantageux : l'exercice, un régime modéré, mais nourrissant, les bains d'eaux minérales, les douches, les bains de vapeurs, ont toujours été utiles; tous ces remèdes ne sont que des toniques. Mais on a encore éprouvé, que pendant le paroxysme, l'opium et le vin ont produit de très-bons effets; car ces remèdes donnent de la vigueur à l'estomac et à tout le systême. Enfin, ce qui prouve l'utilité de l'opium, c'est l'observation de la goutte irrégulière, qui se communique avec beaucoup de rapidité aux nerfs des différens organes, et peut également affecter leur origine dans le cerveau. Dans ces cas, les médecins ordonnent aux malades les remèdes fortifians les plus actifs et particulièrement l'opium.

Mais ce remède ne peut pas guérir un nerf à demi-coupé, parce qu'il ne peut pas donner aux fibres, qui conservent leur intégrité, et qui sont maintenant dans un effort continuel, une action permanente, beaucoup au-dessus de leur état naturel.

On observe ce phénomène dans le cancer, où il y a désorganisation des fibres de l'organe cancéreux, et décomposition des liquides. On a cru que le cancer était une maladie occasionnée par un virus particulier; mais pour expliquer son origine, il faut remarquer, que l'énergie vitale étant diminuée, il peut se former des obstructions dans les glandes, et la matière arrêtée peut s'endurcir. Elle produit ensuite des irritations particulières, de sorte que les mouvemens des nerfs et des fibres occasionnent un changement dans la sérosité croupissante, qui devient virulente, caustique ; elle ronge les nerfs et les vaisseaux, ce qui produit des douleurs très-aiguës, et encore les hémorrhagies presque mortelles. L'opium ne peut être utile, parce que la maladie n'est pas susceptible de guérison. Sa vertu est bornée à produire du soulagement momentané.

Enfin, ce remède, qui a été très-salutaire à un grand nombre de malheureux dans les cas que je viens d'exposer, est toujours nuisible dans les douleurs accompagnées de fièvre violente, et où l'on voit des caractères manifestes d'inflammation ; telles que les douleurs de la pleurésie, de l'hépatitis, du néphritis, et d'autres, dans lesquelles le sang se porte avec une vîtesse excessive vers les parties enflammées, qui s'échauffent, se gonflent, et rougissent.

On voit d'abord cet effet dans l'odontalgie, maladie, qui est quelquefois inflammatoire et accompagnée de tension, de chaleur, et d'irritation violente. Quoiqu'elle ne soit qu'une inflammation locale, elle ne doit pas être traitée par des remèdes échauffans et stimulans ; c'est pourquoi, dans ce cas, les remèdes spiritueux ne calment pas la douleur, parce qu'ils augmentent l'irritation des fibres, tandis que les remèdes émolliens soulagent le malade. Mais lorsque l'odontalgie n'est pas inflammatoire, et qu'elle est simplement l'effet d'une matière âcre, comme dans la carie, l'opium et les autres remèdes qui augmentent la chaleur, sont très-utiles, parce qu'ils relèvent le ressort des nerfs, et produisent l'excrétion des liquides de la bouche. C'est encore par cette raison, que l'opium est nuisible dans le rhumatisme aigu, et très-efficace dans le rhumatisme chronique.

La douleur de tête violente ou céphalalgie, causée par l'abus du vin et des liqueurs, par des alimens échauffans et par des coups de soleil, doit être traitée par des saignées, par des purgatifs, et par des délayans. Mais lorsqu'elle vient à la suite des travaux excessifs, des éruptions rentrées, ou par un principe morbifique, qui produit des accès de douleurs périodiques, les remèdes fortifians sont salutaires. Tout le monde connaît que le quinquina a guéri des maux de tête périodiques, réguliers ou irréguliers. L'opium est particulièrement avantageux dans ces douleurs, qui sont l'effet de l'épuisement ou de quelque humeur rentrée; car, en fortifiant le système, il fait dégager la matière morbifique, dirigée vers les vaisseaux de la tête. L'opium, est encore utile dans cette espèce de douleur qui est accompagnée de froid; cela montre qu'il y a dans cette maladie un défaut d'équilibre et que la masse du sang vers la tête est diminuée.

Enfin, la douleur qu'on ressent dans la partie intérieure de l'oreille, que les Médecins ont nommée otalgie, est quelquefois d'une très-grande violence, et peut être accompagnée d'inflammation, car on voit souvent qu'elle finit par la suppuration. Il est connu, que dans l'état d'inflammation les remèdes utiles sont la saignée, les délayans, outre les remèdes émolliens externes, qui peuvent relâcher les fibres, dont la tension est excessive. Mais l'opium est efficace dans le cas où la douleur est spasmodique : en relevant la force du systême, il procure la rémission des spasmes des nerfs de l'oreille.

Lorsque les inflammations, portées au plus haut degré, ont une tendance à la gangrène, l'opium devient un remède précieux. L'excès de la force nerveuse, et la violence de la douleur font tomber les solides dans l'atonie : le sang et les autres fluides en stagnation s'altèrent. Aussitôt donc, qu'on s'aperçoit que l'inflammation tend à la gangrène, on doit employer l'opium à la dose que le malade peut soutenir : il peut relever l'énergie vitale, qui commence déjà à s'affaisser. Les Médecins en sont convaincus au point, qu'ils font usage du quinquina, des remèdes spiritueux, et de tout ce qui peut exciter la force du systême universel.

Cet événement a lieu dans l'esquinancie, qu'on appelle maligne, dans laquelle le pouls est petit et irrégulier, et le malade a dans l'intérieur de la gorge des taches blanchâtres, qui deviennent ensuite autant d'ulcères, d'une couleur livide et même noire.

Cette maladie qui commence par une inflammation très-violente de la gorge, a une tendance à la gangrène. Elle paraît une espèce de fièvre maligne ; elle est toujours contagieuse, et produit une suffocation subite. Le malade meurt souvent en peu de jours, si l'on n'applique pas des remèdes très-prompts. Les saignées et les purgatifs, très-utiles dans les esquinancies inflammatoires, sont nuisibles dans l'angine maligne : et il ne faut que donner, dès le commencement de la maladie, du quinquina en poudre, du vin, du camphre, et de l'opium, à des doses considérables, pour remonter le systême nerveux.

I I.

Je passe maintenant à prouver l'utilité de l'opium dans les *convulsions*. Il y a eu encore des Médecins, qui voyant dans ces maladies les muscles dans un état de rigidité, lesquels s'agitent souvent avec une force étonnante, ont cru que les convulsions consistent dans la force augmentée des nerfs. Quoique ce cas puisse quelquefois arriver, il est certain que les convulsions attaquent presque toujours les personnes dont le systême nerveux est faible ou mobile.

Les nerfs ont souvent des mouvemens tumultueux que les anciens appelaient convulsions cloniques; d'autrefois les muscles sont dans un état de contraction; mais ces deux espèces ne sont que des variétés de la même maladie. On voit qu'une peur subite, ou quelqu'autre passion capable de produire une secousse au cerveau, peut occasionner les convulsions, et même l'épilepsie, qui n'est qu'une convulsion très-violente qui attaque tout le systême nerveux, et où la puissance du cerveau est affaiblie au point que le malade, après l'accès, reste étonné et assoupi. Les hémorrhagies abondantes, qui dérangent l'équilibre des fibres, lesquelles, dans l'état naturel, agissent et se résistent les unes contre les autres, peuvent aussi causer les convulsions. Si l'équilibre nerveux et musculaire d'une partie est déréglé, il faut que les nerfs aient des mouvemens irréguliers, ou qu'ils deviennent rigides.

On comprend aisément pourquoi l'opium est le vrai remède anti-spasmodique. Dans les convulsions cloniques, où il y a alternativement des contractions et des relâchemens des nerfs, l'opium peut détruire l'état de vacillation des fibres du cerveau; il peut les appaiser. L'éther et les huiles volatiles, dont les molécules sont fort pénétrantes, et qui prennent dans le corps une forme gazeuse, agissent aussi comme des remèdes fortifians.

Les Médecins ont même connu que l'opium, donné à des doses considérables et réitérées, a été très-efficace dans le tétanos, la plus dangereuse des maladies spasmodiques, où la force du cerveau est diminuée, et où les liquides arrêtés produisent une irritation qui maintient les nerfs et les muscles dans un état de rigidité. Les remèdes qu'on a trouvé convenables dans cette maladie sont les fortifians; c'est pourquoi les saignées et les purgatifs sont nuisibles; mais les bains chauds, les bouillons nourrissans, les frictions, les onctions spiritueuses et aromatiques, le camphre, le safran, et tous les remèdes qui peuvent ranimer l'énergie du cerveau et des nerfs, sont utiles : le musc a produit quelquefois la guérison du tétanos ; mais les effets de l'opium ont été plus marqués, que ceux des autres remèdes anti-spasmodiques.

Si l'opium est très-utile dans les convulsions, il est encore avantageux dans l'épilepsie ; cependant il faut distinguer les cas où il peut être employé avec succès. Quelquefois l'épilepsie est l'effet des congestions séreuses dans la cavité du crâne ; et ces dépôts viennent à la suite de plusieurs maladies chroniques, lorsque les nerfs sont particulièrement affectés : alors la maladie n'est pas susceptible de guérison. Mais, lorsque l'épilepsie est occasionnée par tout ce qui tend à rendre les nerfs mobiles, qu'elle attaque les personnes faibles, et qu'il n'y a pas dans le crâne ou dans le cerveau un vice organique, l'opium agit comme un remède fortifiant : il peut empêcher le paroxysme ; et, en le continuant pendant plusieurs jours, il fortifie le système nerveux. C'est par la même action stimulante et tonique qu'on a éprouvé des effets avantageux de l'usage du camphre, du musc et du quinquina.

Mais il existe quelquefois dans le corps des humeurs épaisses, dont le mouvement dans les vaisseaux est retardé, parce que la force des fibres est diminuée : ces humeurs dégagent une vapeur presque froide, ou une âcreté volatile, qui s'élève selon la direction de quelques nerfs ; et aussitôt qu'elle parvient au cerveau, elle produit un accès épileptique. Dans ce cas, on a souvent éprouvé les heureux effets de l'opium, qui, en augmentant l'action des nerfs, peut dissoudre les humeurs condensées, et faire dégager, par la voie des vaisseaux cutanés, cette âcreté qui occasionne souvent l'épilepsie.

Les Médecins ont connu, il y a long-tems, que l'opium est très-utile dans l'asthme. Cette maladie, qui se montre par des accès et par un resserrement de la poitrine, ne doit pas être confondue avec la respiration gênée provenant d'une maladie organique, où l'opium n'est d'aucun avantage. Mais il ne faut pas s'égarer à faire des distinctions sur l'asthme, pour décider dans quels cas l'opium doit être employé. Quoique la maladie, par les diverses circonstances, ait besoin de différens remèdes; néanmoins l'opium est toujours utile, parce que, dans tous les cas, les nerfs des poumons et des autres parties de la poitrine sont dans un état spasmodique. Le poumon n'a qu'une faible part à l'action de la respiration, en ce qu'il ne fait que suivre de concert le mouvement des muscles intercostaux et du diaphragme ; néanmoins, si ses fibres nerveuses s'affaiblissent et se resserrent, la respiration devient laborieuse.

L'asthme est causé par une disposition particulière des nerfs de la poitrine, qui deviennent susceptibles d'être attaqués, même par une cause très-légère. Les accès dans quelques-uns, sont plus fréquens l'été, en d'autres, l'hiver, et particulièrement dans les tems humides ou dans les grands froids, lorsque la transpiration s'arrête et tombe sur le poumon affaibli. On a cru que l'âcreté des humeurs, la dartre et la gale répercutée, ont quelquefois causé l'asthme : mais, même dans ces cas, l'opium, qui augmente la transpiration, peut produire des sueurs salutaires, capables de faire dégager l'acrimonie qui affecte les organes respiratoires. Cette acrimonie paraît souvent volatile : si elle produit des stimulus passagers sur le poumon, elle cause des accès de toux; mais si les nerfs du poumon se trouvent avec une disposition au rétrécissement, le malade est attaqué d'un accès d'asthme qui se dissipe souvent avec expectoration, comme dans l'asthme humide. On a encore observé que la suppression de l'érysipèle a occasionné l'asthme : cela indique que dans le cours de cette maladie la force nerveuse est diminuée; car l'érysipèle n'est qu'une fièvre éruptive, qui détermine à la peau une âcreté particulière : lorsque l'action vitale n'a pas assez d'énergie pour la faire dégager, cette matière acrimonieuse peut aussi affecter la poitrine. Les remèdes diaphorétiques et l'opium sont toujours utiles, en ce qu'ils peuvent déterminer à la peau cette acrimonie fixe ou volatile, dont l'existence dans le corps n'est que l'effet de la diminution de la force nerveuse.

C'est en conséquence des mêmes principes que l'opium est avantageux dans la jaunisse, maladie qui consiste souvent dans une contraction spasmodique du conduit cholédoque, et même du duodénum, d'où provient que l'écoulement de la bile est intercepté. Les Médecins se sont assurés que les remèdes qui provoquent les urines, sont très-efficaces dans cette maladie ; et on a observé que les eaux minérales hydro-sulfureuses sont très-utiles. L'opium agit puissamment dans les cas où la jaunisse est causée par des contractions nerveuses du conduit de la bile ou des intestins : il remet l'équilibre des nerfs, et la bile reprend son cours naturel.

Mais c'est encore par l'action tonique que l'opium est utile dans l'ischurie provenant du spasme de la vessie. On a imaginé que cette convulsion est l'effet de la contraction du sphyncter de la vessie, et que l'opium n'agit qu'en relâchant ses fibres; mais il n'est pas difficile de concevoir que la rétention d'urine, dans ce cas, n'est pas directement occasionnée par la force du sphyncter, mais par la diminution de l'énergie des fibres nerveuses de la tunique musculaire, de sorte que les fibres, qui composent le sphyncter, n'ayant plus d'équilibre avec les premières, se contractent violemment. L'opium, en relevant l'énergie du systême nerveux, redresse aussi les nerfs de la vessie, qui peuvent alors surmonter la force de la contraction que le sphyncter y oppose.

C'est le même cas dans les accouchemens laborieux, occasionnés par faiblesse de la matrice, où l'on peut encore considérer comme deux puissances contraires les différens paquets musculaires de l'organe. La contraction spasmodique retarde quelquefois l'accouchement; mais le spasme finit aussitôt qu'on relève l'énergie des fibres longitudinales, qui raccourcissent l'utérus et en dilatent l'orifice.

L'opium est aussi un remède efficace de la coqueluche, ou toux convulsive, souvent accompagnée de la difficulté de respirer. Elle n'a aucune apparence de maladie inflammatoire ; elle n'est pas fréquemment suivie de fièvre : quelquefois celle-ci a le caractère d'une fièvre lente. Pour modérer la violence des accès de la toux convulsive, l'opium est toujours utile : ce remède ne fait qu'augmenter la force des nerfs des enfans ; et on voit que cette maladie attaque les enfans faibles, très-jeunes, et ceux qui ont les nerfs fort mobiles.

On a encore observé que l'opium est utile dans les douleurs occasionnées par le virus vénérien : il est connu d'ailleurs que la vérole n'est qu'un état de langueur ; c'est pourquoi les malades ont le pouls faible et l'estomac relâché : ils sont pâles, et le système est tellement affaissé qu'on craint souvent une maladie étique. Cependant je ne m'arrêterai pas sur l'usage de l'opium dans la vérole, puisqu'il existe d'autres remèdes très-actifs, dont l'action est plus permanente ; mais je ne puis pas oublier d'insister sur son activité dans le cours de la gonorrhée, maladie purement locale, dans laquelle le mercure ne produit très-souvent aucun effet.

Il est à remarquer, pourtant, que dans le premier période de la gonorrhée, lorsque quelque partie de l'urètre est enflammée, l'opium ne peut pas convenir ; mais on l'éprouve très-efficace dans le second période de cette maladie ; car, quoiqu'il n'y ait plus alors d'inflammation ni de cuisson, les malades sont souvent tourmentés de spasme d'urètre, qui n'est qu'un défaut d'équilibre de ses fibres : les nerfs se rétrécissent, interceptent la circulation du sang, et occasionnent la tension spasmodique. En effet, on a toujours observé que la gonorrhée cordée ne peut être guérie que lorsque, par le moyen de l'opium, les fibres de l'urètre ont repris leur ton naturel. L'opium est encore avantageux dans la cessation de l'écoulement : la rétention de la matière virulente peut occasionner les gonorrhées périodiques, et même quelque vice du canal.

J'ai encore souvent observé que les gonorrhées invétérées, toujours occasionnées par le relâchement de quelque partie de l'urètre, ont été guéries par les injections de vin et par celles qui retiennent de l'opium en dissolution.

J'ai indiqué jusqu'ici les cas où l'opium est un remède efficace dans les convulsions ; mais on observe quelquefois des personnes d'un tempérament solide, d'un âge assez jeune, avec tous les signes marqués de pléthore, toujours causée par l'augmentation de la force des fibres, être affectées de convulsions ; et il y a aussi des exemples de femmes devenues hystériques, quoique d'un tempérament fort et sanguin. L'opium, dans ces cas, ne ferait qu'agiter davantage le système nerveux. Ces convulsions, provenant de l'accroissement de l'énergie du système, de la quantité et de la vîtesse du sang, ont été guéries par des saignées, des délayans, des bains tièdes, et par tout ce qui peut relâcher les fibres.

III.

L'opium est un reméde salutaire dans les maladies où il y a des *évacuations abondantes*. Les Médecins, dès les anciens tems, ont connu le rapport qu'il y a entre la peau et les intestins ; de sorte que lorsque la transpiration est abondante, le ventre est serré : les viscères sont alors dans un état de vigueur, et le chyle est entièrement absorbé. Mais, aussitôt que l'action de l'air, ou quelqu'autre cause, dérange l'équilibre des parties, la transpiration s'arrête et se précipite dans les intestins : on a des déjections de matières liquides. Les intestins sont dans un état de relâchement, et il se fait des évacuations de matières séreuses, bilieuses ou glaireuses : les viscères s'épuisent ou se dessèchent, d'où provient la faiblesse et la maigreur.

Si la sécrétion de la mucosité des intestins est plus abondante que dans l'état naturel; si la bile hépatique ou cystique s'arrête dans le canal intestinal; et si elle n'est pas repompée pour être mêlée avec le sang, il se produit des évacuations copieuses. Quelquefois les matières sont mêlées avec une portion du chyle, ce qui constitue l'affection cœliaque : en d'autres cas les alimens sont rendus sans avoir éprouvé l'action des sucs gastriques, ainsi que dans la lienterie ; mais ces maladies ne diffèrent que par le plus ou moins d'atonie de l'estomac et des intestins. Les liquides corrompus sont l'effet de l'atonie ; car, lorsque les vaisseaux et les glandes des intestins n'ont pas assez de force, et que la circulation des liquides n'est pas assez libre, les humeurs croupissent et s'altèrent.

On voit par-là que les diarrhées doivent promptement être traitées par des remèdes fortifians ; et aussitôt que l'énergie des viscères et de tout le systême est remontée, la bile et les autres liquides reprennent leur cours naturel. On peut excepter les cas de dévoiement accidentel, causé par indigestion, qui dure peu de tems.

On peut donc juger combien est pernicieux l'usage de traiter les diarrhées par des saignées, des purgatifs, des délayans, qui ne font qu'affaisser la force des viscères et de tout le corps ; et il est étonnant que quelques Médecins aient recours à l'opium, après qu'ils ont épuisé les malades par des remèdes relâchans. Le vin, les aromatiques, la thériaque et les martiaux ont produit de bons effets : ces remèdes ont été utiles, parce qu'ils sont toniques. On doit encore faire un grand cas du simarouba et de l'angustura ; mais on a aussi trouvé l'opium toujours utile : il n'agit pas en diminuant la sensibilité des intestins, ou en suspendant les excrétions, mais en augmentant le ton des fibres.

La dyssenterie mérite un traitement plus actif. L'opium doit être employé à une dose plus considérable. Les Médecins n'ont pas été d'accord sur les vrais caractères de cette maladie : quelques-uns ont soutenu que le signe principal, par lequel on doit la distinguer, est la fièvre ; de sorte que si le malade a des déjections très-fréquentes de matières même sanguinolentes, et s'il a des tranchées sans fièvre, la maladie n'est pas une dyssenterie, mais toujours une diarrhée. Il y en a d'autres qui ont cru que le caractère de la dyssenterie n'est pas la fièvre, mais le ténesme qni donne une envie presque continuelle d'aller à la selle ; et cet effet est accompagné d'une tension à l'extrémité du rectum.

Mais je dirai d'abord que le ténesme est un signe équivoque qui ne peut pas former le signe principal de la dyssenterie : il est d'ailleurs un symptôme très-fréquent d'autres maladies. Les calculs des reins et de la vessie occasionnent souvent le ténesme, qui peut encore être un effet des hémorrhoïdes.

La dyssenterie est une maladie qui affecte tout le système, mais particulièrement les intestins : elle est occasionnée par les mêmes causes qui produisent les fièvres putrides et les fièvres intermittentes. Les déjections fréquentes ne sont que les effets des irritations dans les intestins. Les personnes, atteintes de ces maladies, ont quelquefois la langue sèche, une soif excessive, le ventre tendu, et des aphtes dans la bouche, symptômes qui annoncent le danger : si on n'apporte pas des secours très-prompts, la dyssenterie devient fatale.

La violence de la fièvre et des douleurs, la tension de l'abdomen ont fait croire à quelques Médecins que la dyssenterie appartient à la classe des maladies inflammatoires : c'est pourquoi on a souvent employé les saignées et les purgatifs réitérés ; méthode très-pernicieuse.

La cause de cette maladie est toujours l'action des miasmes contagieux : la transpiration s'arrête, et les liquides du bas-ventre sont altérés. Le principe morbifique qui l'occasionne, attaque fréquemment les personnes faibles. Les enfans sont souvent affectés de dyssenterie ; et cette maladie leur devient presque toujours funeste. On conçoit encore que la dyssenterie cause l'accablement de l'énergie vitale ; les malades ont souvent une prostration de forces, qui indique que le systême nerveux est par la contagion dans un état d'épuisement. Cela prouve, que cette maladie n'est pas inflammatoire ; et que l'inflammation des intestins n'est occasionnée que par leur atonie. C'est ainsi qu'on observe souvent des péripneumonies inflammatoires dans des vieillards, dont les poumons ont perdu leur ressort.

Il faut donc promptement attaquer la dyssenterie par des remèdes toniques. L'émétique est utile au commencement de la maladie, à cause qu'il excite la force de l'estomac et des intestins : mais, après quelques jours, le vomissement est nuisible, parce qu'il épuise le malade.

La dyssenterie, étant souvent aiguë, a besoin de secours très-prompts. Le quinquina, le simarouba et l'angustura, passent pour les spécifiques de cette maladie : le vin, l'éther, le camphre et la thériaque sont encore utiles. Les Médecins ont remarqué, que la sueur est souvent avantageuse ; c'est pourquoi, on a fait usage des remèdes diaphorétiques, Mais l'opium, par son activité étonnante, peut remonter le système nerveux, et occasionner la sueur. On évite ainsi l'épuisement des instestins, et l'effet funeste de l'inflammation et de la gangrène.

On pourrait ici demander, si les miasmes contagieux, dans des personnes d'un tempérament sanguin, peuvent quelquefois produire une dyssenterie vraiment inflammatoire. Je n'ai jamais observé ce cas: et je crois qu'aussitôt que la cause morbifique a particulièrement attaqué le système des nerfs, et occasionné une irritation dans les tuniques des intestins, il se produit une fièvre, qui n'est pas inflammatoire: l'état du pouls des malades, les douleurs, et le flux de ventre sanguinolent indiquent assez que la maladie appartient à la classe de celles où la force absolue du système est diminuée. Il paraît donc, qu'il n'existe qu'une seule espèce de dyssenterie, qui exige toujours l'usage des remèdes toniques, et particulièrement de l'opium.

Mais il y a d'ailleurs des dyssenteries, qu'on doit considérer comme des maladies locales. Quelques Médecins les ont appelées dyssenteries bénignes. Les excrémens retenus dans le colon, et la bile altérée, peuvent causer des irritations dans le canal alimentaire; ce qui occasionne la fièvre, les déjections fréquentes, et le ténesme. C'est dans ce cas, que les purgatifs légers sont les moyens les plus efficaces; mais ces maladies n'ont aucun rapport avec les dyssenteries contagieuses.

IV.

Je passe ensuite à la considération de l'usage de l'opium dans les *hémorrhagies*. Les Médecins s'en sont assez occupés, pour connaître précisément la nature de ces maladies. On connaît, que l'écoulement du sang est occasionné par la distension, et par l'ouverture des vaisseaux artériels ou veineux : mais il reste à savoir, si l'hémorrhagie est causée par l'accroissement de l'énergie vitale, qui augmente la vîtesse du sang, et ouvre les vaisseaux de quelque organe; ou bien, si on doit la considérer comme l'effet de la faiblesse absolue des vaisseaux, qui ne sont pas en état de résister à la force du sang, et à l'action vitale, même lorsqu'elle est dans son état naturel.

Il est aisé de voir, que les hémorrhagies, qu'on a nommées actives, ne sont pas fréquentes; car, lorsque la force vitale est dans sa puissance, les vaisseaux du corps ont assez de fermeté, pour résister à la vîtesse du sang ; les solides et les fluides sont dans un état d'équilibre. L'âge du malade, son tempérament, la force du pouls, et les causes qui ont précédé la maladie, peuvent faire connaître quelques cas d'hémorrhagies actives. Mais, cette maladie est presque toujours occasionnée par la faiblesse de quelque organe, qui donne origine aux congestions des liquides, d'où provient que la circulation par ses vaisseaux est troublée, et il se forme des distensions, qui finissent par l'épanchement du sang.

Il y a des Médecins, admirateurs des principes

de Stahl, qui soutiennent que l'hémorrhagie dissipe la pléthore, et que si l'on tâche de l'arrêter, il en peut suivre des maladies très-dangereuses : c'est pourquoi ces Médecins sont fort timides dans le traitement des hémorrhagies, craignant de déranger la nature dans ses efforts. Ils croient encore, qu'il ne faut pas se presser de ranimer le malade, même lorsque la syncope survient, car l'hémorrhagie pourrait reparaître. L'hémorrhagie du nez, disent-ils, est souvent critique, parce qu'elle est précédée de maux de tête, de rougeur du visage, et de pulsations des artères temporales : tout cela cesse, lorsque le sang commence à couler par les narines ; si on l'arrête, elle occasionne des vertiges, et la faiblesse de tout le corps. Le flux hémorrhoïdal arrêté, produit encore des tournoiemens de tête, des maladies de viscères, des palpitations, et des hémoptysies.

Mais il n'est pas difficile de concevoir que l'hémorrhagie, quelle qu'elle soit, est toujours une maladie ; elle peut augmenter à l'excès, et alors elle affaiblit les organes, et peut occasionner des maladies fâcheuses.

L'hémorrhagie du nez, par exemple, est quelquefois causée par un échauffement de la tête, et par une raréfaction du sang ; mais très-souvent par le défaut d'énergie du corps, ou par quelque lésion des viscères de la poitrine ou du bas-ventre. Lorsque les jeunes personnes font usage de boissons spiritueuses, ou qu'elles s'exposent aux rayons du soleil, la vîtesse du sang augmente dans les vaisseaux de la tête : et aussitôt que le tissu des vaisseaux des narines est surmonté, ils s'ouvrent facilement. Mais on a encore observé, que la flaccidité des fibres, les congestions dans les poumons et les obstructions des viscères du bas-ventre, peuvent déranger le mouvement du sang dans les artères, et dans les veines de la tête. Le flux hémorrhoïdal dispose aussi les viscères à des maladies chroniques, et occasionne la cachexie. Par-là, on connaît que l'hémorrhagie ne doit pas être abandonnée à la nature, et qu'il faut tâcher de l'arrêter.

On a encore soutenu, que les hémorrhagies ressemblent aux maladies inflammatoires. Mais il ne faut pas oublier, que quoique dans ces maladies l'énergie vitale soit augmentée, il ne se produit aucun épanchement de sang, parce que le système nerveux conserve son équilibre et les vaisseaux résistent à la masse des fluides. Dans les hémorrhagies, au contraire, il n'y a point de fièvre : pourvu que l'épanchement ait lieu, il faut que le tissu de quelque organe soit faible au point, qu'il ne puisse pas soutenir la force du sang, dont la vîtesse est même au-dessous de celle de son état naturel, car le pouls est souvent petit et serré.

Dans le traitement des hémorrhagies on a cependant employé les saignées, comme on a ordonné des purgatifs dans les diarrhées et dans les dyssenteries. Ainsi le malade a été épuisé par l'hémorrhagie naturelle et artificielle à la fois. Les remèdes de ces maladies doivent presque toujours être les fortifians.

L'opium est le plus efficace : il rétablit l'équilibre entre les vaisseaux et les fluides. L'organe d'où le sang coule, ayant moins d'action, parce que ses nerfs et ses vaisseaux ont diminué d'énergie, a besoin d'être fortifié ; il faut que le sang soit également répandu dans le systême vasculaire. C'est par l'action de l'opium que le sang augmente de vîtesse : et lorsqu'il est dirigé dans tous les vaisseaux artériels du corps, qui se laissent dilater, il tend moins vers l'organe qui pèche par relâchement. Les fibres écartées reprennent peu à peu leur état naturel, et peuvent contrebalancer les efforts des fluides.

L'opium est utile dans l'hémorrhagie du nez, dans le vomissement de sang, dans le flux abondant du sang hémorrhoïdal, et dans les hémorrhagies de la matrice.

L'hémorrhagie des narines est quelquefois si abondante, que le malade devient faible et pâle. Pour l'arrêter, si on ne fait usage que des remèdes astringens externes, il en survient souvent des effets fâcheux. On a connu, par l'expérience, le mauvais effet des tentes trempées dans une dissolution de vitriol, et introduites dans les narines, car elles ne font qu'arrêter pendant quelque tems l'hémorrhagie, qui revient avec beaucoup de force. Les remèdes astringens externes ne raniment point le systême, et l'équilibre des solides n'est pas rétabli. On peut seulement espérer cet effet par l'usage des remèdes toniques, et particulièrement par l'opium. On doit tout différemment traiter l'hémorrhagie des narines, occasionnée par un échauffement de la tête, ainsi que je l'ai dit plus haut ; car on doit alors employer les délayans et les rafraîchissans, pourvu que la maladie ne soit pas augmentée au point d'avoir besoin de remèdes fortifians.

Le Médecin, qui traite un malade, affecté de vomissement de sang, doit être très-embarrassé pour déterminer la cause de la maladie. Le sang peut être arrêté dans les artères ou dans les veines de l'estomac, par obstruction du foie ou de la rate. Par ces obstacles, les vaisseaux de l'estomac sont forcés. L'épanchement peut encore venir à la suite des hémorrhoïdes. Le sang hémorrhoïdal n'est pas précisément déterminé vers l'estomac : l'inégalité dans le système occasionne la distension des hémorrhoïdes ; le même défaut d'équilibre peut encore causer le gonflement et l'ouverture des veines de l'estomac. Le Médecin ne peut cependant arrêter le vomissement de sang, qui survient en plusieurs accès, qu'en relevant la force vitale, par le moyen d'un remède qui agit sur tout le système. L'opium, employé, selon qu'exigent les circonstances où le malade se trouve, remplit cette indication. Cependant il faut remarquer que, lorsque l'hémorrhagie est causée par obstruction ou par quelque tumeur du foie, de la rate, du pancréas, etc., le Médecin n'en peut procurer la guérison qu'en employant les remèdes qui peuvent dissoudre les humeurs arrêtées, et détruire ainsi les obstacles à la circulation. L'hémorrhagie est alors une maladie accessoire provenant d'un vice local.

Les observations que je viens de faire ont encore lieu dans le flux abondant de sang hémorrhoïdal. C'est un préjugé, qui a dominé long-tems dans les écoles, que le flux de sang hémorrhoïdal soit une évacuation salutaire, qui prévient un grand nombre de maladies; et plusieurs Médecins attachés à ce principe, ont excité l'écoulement du sang par le moyen de l'aloès, ou par d'autres purgatifs irritans : on est maintenant convaincu que les hémorrhoïdes ne sont pas un effet de pléthore ou de force augmentée : elles constituent une vraie maladie, qu'on doit chercher à guérir, dès qu'elle paraît.

Le flux des hémorrhoïdes est une maladie locale, causée par la dilatation et par l'ouverture des veines hémorrhoïdales du rectum. Le sang forme des varices, ou il se répand dans le tissu cellulaire. Les excrémens secs et durs, ou une sérosité âcre, produisent l'irritation dans les veines. Mais il y a souvent un obstacle à la libre circulation du sang dans ces vaisseaux ; cet obstacle provient de l'obstruction de quelque viscère, et particulièrement du foie. Le flux hémorrhoïdal devient ensuite habituel; alors le système général s'affaiblit, les fibres se relâchent, les artères manquent de force, et le sang perd son épaisseur naturelle et sa couleur. On conçoit aisément, que le Médecin doit guérir les hémorrhoïdes, en employant d'abord les légers purgatifs qui ôtent les résistances dans les intestins et entretiennent la liberté du ventre : ensuite il doit faire usage des remèdes fondans pour dissoudre les engorgemens formés dans quelque viscère du bas-ventre. Mais lorsque la maladie se prolonge long-tems, et qu'elle n'est pas l'effet d'un vice local, elle se termine par des maladies chroniques. Il faut alors avoir recours aux remèdes toniques. C'est le cas où il convient d'employer une bonne nourriture, qui donne du ton aux solides; car les végétaux et tous les laxatifs deviennent nuisibles : l'exercice est toujours utile : et il faut donner des remèdes fortifians, qui relèvent le ressort des viscères. Dans cet état de faiblesse du système, et des vaisseaux hémorrhoïdaux, les eaux ferrugineuses, le quinquina et l'opium sont les remèdes les plus avantageux ; et à mesure que la force des fibres augmente, on peut espérer la suppression de cette maladie désagréable, qui loin d'être un effort conservateur, a conduit plusieurs malades au tombeau.

Enfin, les hémorrhagies utérines, loin d'être l'effet d'une pléthore générale ou particulière, ne proviennent très-souvent, que d'une atonie des solides, et d'un relâchement des vaisseaux de la matrice. Les règles durent long-tems, et les périodes se rapprochent : la couleur du sang n'est pas vermeille; en d'autres cas elle est d'un rouge plus foncé : l'état du corps devient languissant ; les femmes commencent à s'affaiblir ; elles souffrent des tournoiemens de tête, des affections spasmodiques, particulièrement aux lombes ; et ensuite elles deviennent pâles ou jaunâtres. Il y a des cas où l'excès des boissons spiritueuses, et la chaleur excessive, dans des personnes d'un tempérament sanguin, ont occasionné la ménorrhagie : alors les délayans et les rafraîchissans peuvent l'arrêter. Mais lorsque l'hémorrhagie vient à la suite d'une maladie chronique, que l'on connaît que le ressort de l'utérus est diminué, ou qu'on a fait des exercices violens, qui déterminent beaucoup de sang vers la matrice, dans laquelle il se forme des congestions provenant du relâchement des fibres, on doit employer les remèdes fortifians. Les injections de vin et de quinquina sont utiles : les infusions de quinquina, l'éther, et l'opium ; pris en boisson, peuvent relever l'énergie du système et de la matrice : le sang étant répandu dans tous les vaisseaux du corps, n'est pas déterminé avec force vers l'utérus.

Les hémorrhagies peuvent avoir des retours : pour se mettre à l'abri des rechûtes, il faut continuer les remèdes toniques. Il existe dans les environs de Naples une eau minérale alumineuse, très-efficace contre ces maladies : on peut la préparer artificiellement.

On a beaucoup parlé des hémorrhagies critiques, particulièrement de celles du nez, qu'on observe dans quelques fièvres aiguës : mais il faut de même remarquer, que si cette espèce d'hémorrhagie a une longue durée, de sorte que le malade tombe insensiblement dans la faiblesse, le Médecin doit encore tâcher de l'arrêter, ainsi que les anciens ont pratiqué dans les diarrhées, qu'ils nommaient critiques, lorsqu'elles duraient plusieurs jours.

L'opium, qui a souvent guéri l'hémoptysie, devient encore très-utile dans la phthisie pulmonaire. Je pourrais facilement démontrer, que cette dernière maladie, qui appartient à tout le systême, mais qui est maintenant organique, a deux périodes très-marqués. Le premier est celui d'inflammation des tubercules, ou des congestions formées dans le poumon, que les Médecins tâchent toujours d'éviter : le second est l'état de leur suppuration. On s'aperçoit que, dans le premier cas, la maladie augmente le ressort des nerfs, le pouls est vif et tendu, la chaleur excessive, ce qui indique l'état inflammatoire du corps. Les Médecins soulagent les malades, souvent tourmentés de douleur de poitrine, en leur faisant une saignée, et en rafraîchissant leur sang par des délayans. L'opium, le quinquina, et tous les remèdes toniques sont généralement pernicieux.

Mais, il faut distinguer le second période de la phthisie, c'est-à-dire l'état de suppuration. Dans ce cas, tous les symptômes diminuent; et le Médecin ne doit s'occuper qu'à fortifier le systême général, fondre les tubercules et traiter l'ulcère, en facilitant l'expectoration ; car le pus arrêté dans la substance flasque du poumon peut se répandre davantage. Cette indication est parfaitement remplie par l'opium, et par les autres remèdes fortifians et astringens.

On a objecté, que l'opium produit le sommeil,

calme la toux, et arrête l'expectoration; que les matières purulentes étant accumulées dans le tissu du poumon, occasionnent de nouveaux ravages; que lorsque les malades se réveillent ils souffrent des accès de toux très-violens, qui peut causer une nouvelle rupture des vaisseaux. On a ajouté, que l'opium produit les sueurs, qui affaiblissent les poitrinaires: et il est connu, que parmi les symptômes, qui donnent beaucoup d'appréhension aux Médecins, la sueur est la plus à craindre, car elle peut disposer aux sueurs-colliquatives. Ces raisons ont décidé plusieurs Médecins à ne pas employer l'opium dans la phthisie pulmonaire.

En considérant les circonstances de la suppuration, il est aisé de concevoir, qu'il faut employer tous les moyens pour faciliter l'expectoration, qui peut être arrêtée par la faiblesse du malade, et par les contractions spasmodiques des nerfs et des vaisseaux du poumon. L'opium en relevant le ressort des fibres, communique son action aux nerfs de cet organe, dont les distensions et les retrécissemens sont appaisés; ce qui peut beaucoup faciliter l'expectoration. D'ailleurs on peut faire usage de l'opium à une dose très-modérée, qui n'occasionne pas un sommeil profond, mais qui relève seulement les forces du malade. La direction du sang vers la peau, diminue l'affluence des humeurs à la poitrine. Outre cela, l'opium est plus utile, en modérant la douleur violente causée par la suppuration, et en faisant dormir les malades, qu'il n'est pernicieux en empêchant l'expectoration. Les phthisiques sont souvent tourmentés d'une toux qui vient par de forts accès, parce qu'une sérosité âcre se dépose dans leur poumon. Lorsqu'ils dorment, les humeurs en s'arrêtant dans un organe échauffé, deviennent peu irritantes : les malades ont ensuite une expectoration très-facile.

Ces observations démontrent aussi l'utilité de l'opium dans les catharres habituels : je l'ai encore employé dans les affections catharrales simples, occasionnées par la transpiration arrêtée : ce remède détourne les humeurs dirigées vers la membrane pituitaire et vers les poumons, et provoque la transpiration. Mais il n'en est pas ainsi dans les fièvres catharrales : l'opium, en augmentant le mouvement du cœur et des artères, pourrait occassionner une inflammation de poitrine.

L'action tonique de l'opium est encore démontrée dans les engorgemens du sang, causés par le défaut de tension et d'éréthisme naturel des fibres. Nous en avons un exemple très-frappant dans la rétention et dans la suppression des règles. Cette évacuation périodique est l'effet de la pléthore particulière de la matrice, dont le tissu fait accumuler beaucoup de sang ; mais cette pléthore est plus ou moins abondante, selon que le tempérament est plus ou moins fort. On conçoit par-là qu'il est deux espèces de suppression des règles : cette maladie peut être l'effet de la tension et de la rigidité des vaisseaux de la matrice, ainsi qu'il arrive souvent aux femmes d'un tempérament fort et sanguin; et l'on doit dans ce cas diminuer l'éréthisme des solides par une saignée, par le petit-lait, par tous les délayans et par les bains tièdes.

Mais la rétention des règles est souvent causée par la diminution de l'énergie des vaisseaux, comme on observe dans les femmes faibles et languissantes, dans lesquelles la lymphe prédomine. C'est alors que les Médecins font usage de la rhubarbe, de l'absynthe, de la limaille de fer, et d'autres préparations martiales, pour exciter la force des vaisseaux. C'est précisément dans cette seconde classe de suppression de menstrues, que l'opium est l'emménagogue le plus puissant: il augmente l'impulsion du sang vers la matrice; les vaisseaux artériels reprennent leur force et obligent les orifices à se dilater. Je m'en suis convaincu plusieurs fois, ayant observé que l'opium tout pur, ou mêlé avec la canelle et l'extrait de camomille, a provoqué les règles supprimées.

Il s'en suit donc que l'opium est un remède efficace tant dans les hémorrhagies de la matrice que dans la suppression des règles, maladies qui, quoique paraissant tout-à-fait opposées, peuvent être produites par le relâchement et par le défaut d'action des vaisseaux de cet organe. Ainsi l'émétique est encore utile dans le flux de sang de l'utérus, dans les pâles couleurs et dans la rétention des règles; et l'expérience a démontré que dans ces mêmes maladies les eaux minérales ferrugineuses sont d'un très-grand avantage; car elles agissent comme des remèdes qui augmentent l'action des vaisseaux : c'est pourquoi elles arrêtent le sang et le provoquent.

V.

Il me reste à parler de l'usage de l'opium dans les *fièvres*. On trouve dans les ouvrages des Médecins, qui se sont occupés de cet objet, un nombre excessif de fièvres, de sorte que l'imagination en est effrayée. Cependant, en examinant avec attention l'âge et les forces du malade, l'état du pouls et les symptômes qui accompagnent les maladies, on pourra d'abord distinguer deux classes générales de fièvres.

Les fièvres inflammatoires, que quelques Médecins ont encore nommé phlegmasies, forment la première classe. Les malades ont une rougeur sur le visage, une grande chaleur par tout le corps, une soif violente; l'urine est foncée, le pouls est vif, fort et dur, et les fluides sont dirigés avec beaucoup de force vers la peau. Ces maladies attaquent en général les personnes d'un tempérament sanguin et dans l'âge le plus jeune, qui ont fait un usage immodéré de nourriture animale, de substances aromatiques et de boissons échauffantes, ou qui, étant échauffées, se sont tout-à-coup exposées à l'action de l'air froid. Il faut encore considérer l'action des miasmes particuliers, ainsi qu'on peut s'en convaincre par l'analyse de chaque espèce des maladies inflammatoires. Les malades ont l'énergie des nerfs augmentée : cela occasionne des mouvemens très-vifs du cœur et des artères, qui n'obtiennent leur force que par les nerfs nombreux répandus dans leur tissu ; c'est pourquoi les inflammations locales, en causant des irritations sur les nerfs, produisent la fièvre, et dans la paralysie le mouvement du pouls est fort lent, parce que les nerfs sont affaiblis.

On observe dans les malades, attaqués de fièvre inflammatoire, une faiblesse dans le système des nerfs qu'on appelle volontaires ; mais la diminution de leur force est moindre que l'augmentation de l'énergie des nerfs destinés au mouvement de l'organe vital.

Je distingue trois espèces de fièvres inflammatoires ; savoir, les fièvres éphémères, qui ont beaucoup de violence, mais très-peu de durée, et qui se terminent communément par des sueurs très-abondantes. Ces fièvres sont occasionnées par l'action de l'air et par les particules nuisibles qu'il contient ; mais ces miasmes, qui, étant dans le corps, causaient la maladie, se dégagent enfin, et enflamment l'épiderme des lèvres, comme ferait une vapeur caustique. Il faut ranger dans cette espèce les fièvres cathairales. Les fièvres éruptives sont occasionnées par une contagion particulière qui cause des irritations sur tout le système. Enfin il y a des fièvres qui affectent les parties externes ou internes du corps, en y produisant des inflammations : la gorge en est fréquemment attaquée.

Pour obtenir la guérison des fièvres inflammatoires, il faut employer les purgatifs, les délayans et rafraîchissaus, tels que le petit-lait, les acides végétaux et les sels neutres à une dose modérée, qui augmentent la quantité des urines : la saignée est très-souvent utile. Il est aisé de sentir que dans les fièvres inflammatoires les remèdes stimulans et échauffans, tels que le quinquina et l'opium, ne sauraient nullement convenir.

Mais il faut sérieusement distinguer une seconde classe de fièvres, occasionnées par la diminution de l'énergie absolue du systême. Cette cohorte de maladies, plus nombreuse que celle dont je viens de parler, se montre sous un aspect tout-à-fait différent. Le pouls est communément fréquent, mais tendu ou serré. Il y a des dérangemens cachés ou des obstacles dans l'intérieur du corps, qui font apercevoir que les fluides sont dirigés davantage dans les parties internes. Dans la plupart de ces fièvres le cœur et les artères augmentent leur mouvement; mais les forces musculaires et de plusieurs organes diminuent en plus grande proportion.

On a décrit une variété prodigieuse de ces fièvres; cependant elles constituent toujours la même maladie, qui peut être plus ou moins forte, et accompagnée d'un grand nombre de symptômes. La science donc, qui expose les diverses espèces de fièvres, n'est que l'histoire de leurs symptômes. Elles peuvent être continues et intermittentes; elles peuvent affecter le cerveau, les nerfs, les organes de la poitrine et du bas-ventre, et causer l'insomnie, les convulsions, le délire, la léthargie, l'engourdissement des parties, les douleurs, l'hémorrhagie du nez, la respiration gênée, le hoquet, les syncopes, la tension des hypochondres ou de tout l'abdomen, le vomissement, la diarrhée, les sueurs, les taches rouges ou violettes, et les pétéchies sur la surface du corps.

Quoique la description des symptômes soit très-nécessaire au médecin, qui peut par-là connaître l'état du malade, et le degré du danger; néanmoins, lorsqu'on en doit décider le traitement, on voit qu'on ordonne toujours les mêmes remèdes, c'est-à-dire, les fortifians : ce sont les remèdes généraux des fièvres. Les fébrifuges n'ont aucune vertu spécifique: ils ne sont que des remèdes toniques ; et aussitôt que les nerfs qui animent le système musculaire ont relevé leur force, le système vital diminue son énergie, chaque organe reprend peu-à-peu son activité, et on obtient ainsi l'équilibre du système.

Ce que je viens d'énoncer prouve que le quinquina, l'opium, le vin et les acides minéraux, sont les remèdes les plus efficaces contre les fièvres. Après un émétique il faut promptement attaquer ces maladies ; et il n'est pas besoin de perdre son tems en employant simplement les boissons acidulées et les délayans, pour attendre la coction de la matière morbifique.

Cette vérité, que je crois de la plus grande importance, est confirmée par la considération particulière de ces maladies. Je ne considère que trois espèces de ces fièvres : les fièvres aiguës, putrides ou malignes, les fièvres intermittentes et les fièvres bilieuses.

Les fièvres putrides sont occasionnées par un air mal-faisant, vicié par des exhalaisons animales et par la décomposition des corps qui pourrissent dans l'eau. Il y a des fièvres aiguës simples : elles sont très-légères : on observe des fièvres putrides dans les villes, et même dans les campagnes qui ne sont pas ordinairement très-violentes; mais on peut particulièrement connaître la nature de ces maladies en observant les fièvres des prisons et des hôpitaux. Le grand nombre de malades accumulés dans les salles, par leur respiration et par les exhalaisons cutanées, rendent l'air méphitique : l'altération de l'air est augmentée par les miasmes corrompus des linges gâtés, des abcès, des caries des os, des gangrènes, des ordures, et même des bouillons et des alimens. Cette odeur forte et fétide est plus dangereuse dans les chaleurs : les miasmes contagieux y deviennent très-volatils et produisent les fièvres putrides.

Les malades ont souvent une affection cérébrale et l'abattement du système nerveux : la maladie est alors une fièvre maligne. La puissance nerveuse, presque anéantie, ne fait pas relever la force du pouls, qui est languissant et irrégulier; et la chaleur, toujours proportionnelle à la vitesse de la circulation, y manque tout-à-fait. Les malades ont une lassitude, un épuisement, des défaillances, des syncopes, et la léthargie, symptômes qui caractérisent la détresse de la nature. On voit encore de ces fièvres, pendant l'été, dans les environs des marais où il y a un air qui contient des semences de mort. Telles sont les fièvres malignes très-fréquentes dans les Marais-Pontins où l'air chaud et humide est vicié par un gaz méphitique, ou par les exhalaisons des corps qui se décomposent dans les eaux croupissantes.

Il est aisé de concevoir que, depuis la fièvre aiguë simple jusqu'à la fièvre maligne, il y a une variété de degrés ; mais ces maladies ont toujours la même nature, et les remèdes en sont les mêmes. On emploie le quinquina, l'opium et le vin dans la fièvre putride légère, dans la fièvre putride violente, et beaucoup plus dans les fièvres malignes.

Plusieurs Médecins ont souvent fait usage des saignées et des purgatifs dans les fièvres dont on parle ; mais ces remèdes ont quelquefois apporté un soulagement momentané qui a été bientôt suivi des accidens les plus graves. Lorsque la fièvre putride est légère, par l'usage des affaiblissans, elle s'écarte de sa marche connue et prend un aspect terrible de malignité.

On a souvent observé des hémorrhagies de narines dans les fièvres inflammatoires, de même que dans les fièvres aiguës où le systême nerveux est affaibli. Lorsqu'un écoulement de sang survient dans les fièvres aiguës simples, où la force du systême est diminuée, il est occasionné par les obstacles formés à la circulation dans les gros vaisseaux du bas-ventre ; cependant cette hémorrhagie, quoiqu'elle ne soit pas critique, soulage beaucoup le malade, et la fièvre fait son cours avec moins de violence : mais si la douleur de tête est fort violente, sans aucun écoulement de sang des narines, les Médecins doivent tâcher de suppléer à l'impuissance de la nature par l'application des sang-sues au front ou derrière les oreilles : quelques onces de sang seront bientôt réparées.

La chaleur et la soif, symptômes constans de plusieurs fièvres putrides, ont fait quelque tems douter de l'action des remèdes toniques, craignant qu'il y eût une diathèse inflammatoire dans le sang; mais ces craintes doivent être dissipées lorsque l'observation constante a démontré que dans les fièvres putrides des prisons et des hôpitaux, accompagnées de beaucoup de chaleur, on n'a trouvé de meilleur remède que l'opium, le vin et le quinquina. Il peut, en outre, y avoir une combinaison de symptômes dans la même fièvre; mais il est impossible qu'une fièvre putride puisse encore être inflammatoire, car la même maladie ne peut être occasionnée par des causes contradictoires.

On a cru que l'opium est pernicieux dans les fièvres putrides accompagnées de délire, car en augmentant la circulation du sang, il pourrait produire une inflammation dans les membranes du cerveau et dans sa substance même; cependant il y a bien des cas où la circulation augmente, sans qu'il y ait une aliénation d'esprit. Les fibres du cerveau peuvent aussi bien être ébranlées dans les fièvres inflammatoires que dans les autres espèces de fièvres : dans tous les cas il peut y avoir une sorte de tumulte qui produit des idées décousues et sans vérité. Il ne faut qu'un degré déterminé de faiblesse de quelques fibres pour déranger l'équilibre de l'organe. Ainsi on peut concevoir pourquoi l'opium est nuisible dans la frénésie où il existe une fièvre inflammatoire et un délire impétueux, et très-utile dans les fièvres putrides accompagnées de délire même furieux. Les particules de ce remède, étant d'une extrême ténuité, peuvent facilement parvenir au cerveau, et en relevant sa force, empêcher les mouvemens intérieurs de ses fibres.

L'observation a encore démontré que dans les fièvres où il n'y a aucun indice d'inflammation dans les membranes qui enveloppent le cerveau, les malades ont souvent le visage rouge et presqu'enflammé; mais cette rougeur provient de ce que la circulation du sang est retardée dans les veines jugulaires, à cause du rétrécissement des nerfs qui tapissent le tissu de leurs tuniques. Nous en avons un exemple dans quelques espèces de mélancolie et d'hypochondrie où les malades ont quelquefois la rougeur du visage, parce que les nerfs qui se rétrécissent forment un obstacle à la circulation : cependant leur pouls est faible ; ce qui a décidé plusieurs Médecins à leur donner de l'opium, et ce remède a eu beaucoup de succès.

Les fièvres putrides produisent souvent des inflammations dans les viscères du bas-ventre, et particulièrement dans le foie ; mais ces inflammations ne sont pas l'effet de l'accroissement de la force absolue du système : elles sont au contraire causées par la diminution de la force nerveuse et par les contractions spasmodiques qui ont lieu dans les nerfs et dans les vaisseaux de ces organes; c'est pourquoi le sang se ramasse, s'echauffe et produit l'inflammation, laquelle ne provient que de la débilité des parties. Les Médecins éclairés ne cessent pas, dans ce cas, de continuer les remèdes toniques.

Ces malades se plaignent encore souvent de douleurs vagues de côté, au dos, aux lombes, aux extrémités ; et quelquefois les douleurs sont universelles : cependant il n'y a dans ces parties aucune tumeur ou vice local. La fièvre, par ce symptôme, ne devient pas une maladie compliquée, et doit être traitée par les mêmes remèdes : ainsi l'opium et le buinquina, très-nuisibles dans le rhumatisme aigu, ainsi que je l'ai dit plus haut, conviennent beaucoup dans les fièvres qu'on a nommées rhumatiques, et dans les fièvres pleuritiques, dans lesquelles les douleurs ne sont que les effets des rétrécissemens et des distensions nerveuses : dans ces maladies il n'existe aucune diathèse inflammatoire.

On doit en dire autant de la fièvre puerpérale qui attaque quelquefois les nouvelles accouchées : l'état de faiblesse où elles se trouvent les rend susceptibles de gagner une fièvre aiguë, mais qui n'est pas inflammatoire. La douleur, la chaleur, la tension de l'hypogastre n'indiquent point l'énergie augmentée du système nerveux qui, étant très-mobile, manifeste un haut degré de sensibilité. Les viscères du bas-ventre, étant dans un état de relâchement, peuvent facilement s'engorger ; et la faiblesse même peut déterminer vers la matrice une affluence de sang qui, y étant arrêté, s'échauffe et produit l'inflammation atonique de l'organe. On a souvent observé dans ces fièvres des éruptions miliaires ; les malades se plaignent de céphalalgie et d'anxiété : cependant le pouls est toujours petit, fréquent, inégal et serré. L'action de l'air et l'usage des échauffans occasionnent communément dans les nouvelles accouchées cette fièvre qui s'annonce par des lassitudes spontanées et par un accablement général. On a reconnu que les saignées et les purgatifs sont pernicieux ; et aussitôt qu'on s'aperçoit que cette fièvre affecte une nouvelle accouchée, il faut promptement employer les remèdes fortifians, tels que le quinquina, l'opium et l'éther sulfurique. Le cours de cette maladie est très-rapide ; elle enlève les malades, si on ne soutient la force du système par l'usage des remèdes toniques.

Dans le traitement des fièvres putrides et des fièvres malignes le Médecin doit déterminer la dose du quinquina et de l'opium, de manière que les forces du malade puissent être ranimées, que la chaleur prenne un équilibre, et que le sang soit dirigé vers la peau. Il faut une observation très-suivie, afin que ces remèdes puissent être employés avec succès : on doit particulièrement déployer beaucoup d'activité dans les fièvres malignes qui font périr les malades, souvent dans le tems qu'on s'y attend le moins.

L'usage du quinquina et de l'opium est encore assez démontré dans le traitement des fièvres intermittentes, maladies très-fréquentes dans ces lieux bas, humides, ou voisins des rivières, d'où s'élèvent des exhalaisons hérérogènes qui forment souvent des brouillards. Plusieurs parties nuisibles pénètrent dans le corps et affectent le système nerveux.

Les frissons, le froid et le tremblement, symptômes des fièvres quartes, des tierces et des quotidiennes intermittentes, annoncent que ces fièvres proviennent toujours d'un épaississement des fluides, effet inséparable de l'affaiblissement du système. La transpiration arrêtée, et les fluides dirigés vers les parties internes, produisent des altérations dans les liquides des viscères du bas-ventre. Il faut encore ranger dans cette classe de maladies les fièvres erratiques, qui viennent à la suite de quelque faiblesse particulière, qui produit des congestions dans les viscères.

On a reconnu que les saignées ne peuvent être que nuisibles dans les fièvres intermittentes; et ceux qui, sous prétexte de la pléthore, ont insinué que la saignée est souvent un remède efficace, n'ont fait que l'éloge d'un remède imaginaire. On doit en dire autant des purgatifs; et par leur usage les Médecins ont vu à regret que les fièvres sont devenues très-longues.

Le traitement des fièvres intermittentes consiste

dans l'usage très-prompt des remèdes toniques. Après un émétique il faut employer le quinquina, l'opium et les remèdes aromatiques : on en doit particulièrement donner une heure avant le paroxysme. Je suis parvenu, par ce moyen, à guérir les fièvres intermittentes en peu de jours : j'ai encore observé que la fièvre quarte peut se terminer au quatrième paroxysme.

On doit employer beaucoup d'attention dans le traitement des fièvres intermittentes, car elles changent quelquefois le type ordinaire, et prennent l'aspect d'une fièvre maligne très-dangereuse. Il faut, dans ce cas, faire usage des remèdes fébrifuges avec une très-grande activité.

Si le Médecin n'est que spectateur tranquille, et si on ne donne aux malades que des délayans et des purgatifs, les fièvres intermittentes causent des congestions et des engorgemens dans les viscères du bas-ventre : il est alors difficile qu'elles cèdent aux remèdes fébrifuges communs.

Mais on doit être très-réservé dans l'usage du quinquina et de l'opium dans les fièvres bilieuses. Ces maladies sont encore occasionnées par des miasmes nuisibles introduits dans le corps, qui en forment le germe et le levain; la fièvre affecte également le système nerveux et affaiblit son énergie. Le pouls des malades n'est pas fort et dur, comme dans les fièvres inflammatoires; c'est pourquoi les fièvres bilieuses ne doivent pas être rangées dans cette classe. Lorsque l'air frais et humide succède promptement à la chaleur, il s'élève des exhalaisons nuisibles ; mais le changement soudain de l'atmosphère arrête en même tems la transpiration insensible : les particules morbifiques affectent les nerfs, particulièrement ceux des viscères, en y déterminant une grande quantité de bile qui contracte une acrimonie.

Quoique la bile débordée ne soit que l'effet de la fièvre ; cependant elle occasionne des douleurs de bas-ventre, lorsque les malades ont particulièrement la constipation. La bile, retenue par l'action même de la fièvre, devient âcre et caustique : dans le vomissement elle affecte souvent l'œsophage et la bouche, et dans les évacuations elle brûle l'extrémité du rectum.

Les saignées sont nuisibles dans les fièvres bilieuses, non parce que la saignée prépare un espace dans les vaisseaux, qui deviennent par-là capables de repomper la bile altérée et accumulée dans les intestins, mais parce que ces fièvres sont aussi occasionnées par la faiblesse du système général qui ne doit pas être affaibli davantage par la diminution du sang : d'ailleurs dans ces maladies les saignées sont bientôt suivies d'accidens très-graves.

Les émétiques, au commencement de la maladie, sont très-utiles : ils n'affaiblissent pas les malades ; ils excitent la force nerveuse. Les purgatifs légers et les lavemens sont très-efficaces, particulièrement lorsqu'il y a constipation ; et on a éprouvé que les acides minéraux, et l'eau chargée de gaz acide carbonique, sont toujours avantageux.

Lorsque la bile abonde dans les premières voies, le quinquina, l'opium et les substances aromatiques échauffent les malades ; et il paraît que la bile, qui est un liquide fermentescible, est agitée par l'action des toniques. Mais, après que la bile a été diminuée par le moyen des purgatifs légers et des lavemens, le quinquina et l'opium sont très-utiles ; car ils augmentent la force des nerfs, et peuvent expulser hors du corps la cause morbifique qui, quoiqu'inconnue, produit l'affaissement du systême nerveux. L'opium est particulièrement avantageux dans les fièvres bilieuses accompagnées de douleurs d'estomac et d'intestins, ou dans le cas où il existe une diarrhée violente.

J'ai considéré jusqu'ici l'usage de l'opium dans les fièvres qu'on peut appeler essentielles, car la cause qui les produit affecte directement le cerveau et les nerfs. Mais il existe encore un grand nombre de fièvres dont le foyer est principalement dans l'estomac et dans les intestins qui, ayant un grand rapport avec les autres parties du corps, peuvent en troubler les fonctions et produire des maladies que je nomme fièvres secondaires.

L'estomac peut être chargé d'alimens de difficile digestion, ou parce que leur tissu est fibreux, serré ou membraneux, de sorte qu'ils lui opposent une résistance trop forte, ou parce que leur substance molle et laxative ne peut pas exciter le jeu des organes digestifs. Il se forme des matières ténaces, la langue devient pâteuse, et l'estomac est embarrassé de glaires qui émoussent son sentiment. Ces matières arrêtées s'altèrent, élèvent souvent des vapeurs qui affectent le systême nerveux ; c'est pourquoi le rapport mutuel des parties est dérangé : il en provient une fièvre quotidienne, quelquefois continue et quelquefois intermittente.

Ces fièvres ne sont pas causées par des principes contagieux répandus dans l'air et introduits dans le corps, qui affectent le systême nerveux : elles sont des maladies secondaires provenant des ordures accumulées dans les premières voies. Le quinquina, l'opium et les autres remèdes toniques, ne conviennent aucunement, car ils ne feraient qu'agiter les malades : dans ce cas on a besoin d'épuiser le foyer de ces matières et de tarir leur source. J'ai observé des fièvres qui, étant traitées par les fébrifuges et par l'opium, continuaient leur cours : les malades n'ont été guéris que par des purgatifs qui ont produit des évacuations abondantes.

Les Médecins clair-voyans peuvent aussi distinguer la fièvre bilieuse simple, qu'on peut encore considérer comme une fièvre secondaire. La transpiration qui se précipite dans les viscères du bas-ventre, peut faire augmenter la sécrétion de la bile qui contracte une acrimonie et occasionne une fièvre périodique légère, dont la cause est seulement dans les intestins. L'opium, dans ce cas, est nuisible, parce qu'il arrête les évacuations et échauffe le sang, au lieu que les purgatifs, les lavemens, les délayans et les boissons acidulées sont avantageux.

En partant de ces principes, on peut se former une méthode simple et très-efficace de traiter les fièvres. Lorsque les malades ne sont pas épuisés par des remèdes mal appliqués, qui bouleversent l'équilibre des parties, on peut attendre des effets heureux; mais si on les traite par des remèdes affaiblissans, il faut qu'ils succombent aux violences de l'art. C'est le traitement affaiblissant qui occasionne le déplacement de la matière morbifique : cette matière, étant repompée, menace tous les organes.

Quelques Médecins modernes, qui se sont déclarés contre la médecine humorale, se sont tournés vers une autre méthode; c'est d'être spectateurs tranquilles, et de livrer les fièvres aux soins de la nature, qui fait des efforts conservateurs pour se débarrasser de la matière morbifique. C'est ainsi qu'on a employé dans les fièvres intermittentes quelque émétique et des boissons qui ne font rien, ou qui font du mal; et on a traité les fièvres bilieuses essentielles avec activité, lorsque quelque symptôme pouvait devenir funeste.

Mais si le Médecin a trop de confiance dans les ressources de la nature, dont l'énergie est souvent impuissante, les fièvres deviendront fatales. Les fièvres essentielles ne sont pas des efforts salutaires, mais des maladies toujours causées par un principe morbifique qui, pour être expulsé, exige l'augmentation de l'action vitale. On peut alors attendre la crise ou cette espèce de dépuration qui arrive lorsque les forces du malade sont relevées, et la fièvre est à son dernier période. Les voies de la peau et des urines en sont communément les moyens. Il se forme quelquefois des dépôts qui produisent l'engorgement des parotides, les abcès et les charbons. Ces dépôts ne contiennent pas toujours la cause morbifique, mais ils sont les effets de la maladie.

Les fièvres inflammatoires, parvenues au plus haut degré de violence, peuvent dégénérer et produire encore l'atonie du systême. L'opium est alors un remède très-salutaire, ainsi qu'on l'observe dans la petite-vérole confluente, dans la fièvre miliaire maligne et dans les autres fièvres éruptives, où l'on remarque l'abattement des forces. Les remèdes toniques, tels que l'écorce du Pérou et l'opium, sont les plus efficaces.

Tout ce que je viens de dire montre assez dans quelles maladies l'opium peut être utilement employé. La vertu de ce remède consiste à répandre dans le corps une substance volatile et spiritueuse, qui parvient promptement au cerveau dont les fibres et les nerfs sont ranimés. Mais, par ce que j'ai dit plus haut, les effets de l'opium varient selon la dose qu'on en prend : il ranime et fortifie, il cause la langueur et le sommeil. Le vin occasionne les mêmes effets : il éveille et assoupit ; et pour s'en assurer il faut en voir les effets dans des personnes qui mènent un genre de vie abstême. Il paraît donc assez démontré que le principe vaporeux de l'opium, lorsqu'on en prend à une dose modérée, ne diminue pas l'énergie du systême, mais qu'il l'augmente.

L'expérience a démontré qu'il existe dans la nature des principes volatils qui relèvent la force nerveuse et la rendent énergique ; et d'autres qui la détruisent, en produisant l'engourdissement et l'atonie. Ce dernier effet est occasionné par les fluides méphitiques, ou par les gaz suffocans qui causent des effets violens sur les nerfs. Quelques-uns de ces gaz sont des stimulans très-forts ; ils produisent des mouvemens impétueux, ou ils empêchent la communication d'un fluide vital qui doit animer les nerfs ; c'est pourquoi leur force reste paralysée : d'autres gaz n'agissent pas par leur stimulus, mais par une force relâchante excessive, d'où provient l'affaissement du cerveau, la langueur des nerfs et la faiblesse précipitée de tout le corps.

Le gaz acide carbonique, par exemple, agit dans les animaux en produisant une irritation violente sur leur cerveau. Je m'en suis convaincu par des expériences réitérées dans la mofette, à côté du lac d'Agnano, qu'on appelle la Grotte du Chien, à peu de distance de Naples. On voit que cette vapeur, qui n'est que du gaz acide carbonique, lorsqu'on la respire, et qu'elle pénètre promptement par les nerfs olfactoires jusqu'au cerveau, affecte directement la puissance de cet organe et la force nerveuse. Ce gaz est pernicieux à cause de l'irritation très-forte qu'il produit dans le cerveau, et parce qu'il n'a pas l'activité de ranimer les nerfs qui perdent leur énergie et leur équilibre ; c'est pourquoi ils s'agitent et occasionnent des mouvemens convulsifs.

Quelques écrivains sont intimement persuadés que le gaz acide carbonique détruit l'irritabilité du cœur; mais je pourrais aisément faire voir que l'existence de cette propriété intrinsèque à la fibre musculaire n'est que précaire : l'irritabilité n'est que l'effet de l'action nerveuse. Et comment peut-on imaginer que les fibres musculaires aient une propriété intrinsèque qui ne provient pas de l'attraction, de la pesanteur et de l'élasticité ? A la vérité, on a soutenu qu'en liant les nerfs du cœur, son mouvement ne s'arrête pas ; d'où on a conclu que c'est le sang qui sollicite les fibres musculaires de cet organe très-irritable : mais il y a beaucoup d'expériences qui font apercevoir la puissance des nerfs sur le cœur. Le gaz acide carbonique et tous les gaz suffocans exercent leur action sur le cerveau et sur les nerfs dont l'énergie est diminuée ou détruite ; ce qui occasionne une apoplexie très-violente. On doit en dire autant de l'opinion de quelques Médecins qui croient que l'opium n'agit qu'en diminuant l'irritabilité musculaire : ils ont ainsi expliqué pourquoi l'opium produit le sommeil qui n'est que le repos de tous les muscles destinés aux mouvemens volontaires, et pourquoi une dose très-forte d'opium cause la mort en détruisant l'irritabilité du cœur.

Le gaz acide carbonique ne produit pas des effets si violens sur les nerfs, à cause qu'il est simplement privé de gaz oxygène ; car, ainsi, tous les gaz devraient occasionner les mêmes effets aux animaux : cependant on observe que chaque gaz a des qualités particnlières, et qu'ils ne sont pas également pernicieux. Le gaz hydrogène carboné produit des effets très-bizarres : lorsqu'on le fait respirer il occasionne des vertiges, et ensuite il cause une apoplexie mortelle. Le gaz hydrogène est moins nuisible à la respiration.

Il y a d'autres gaz, et même des poisons, qui ne produisent pas des irritations très-violentes, mais ils relâchent la substance des nerfs et causent une faiblesse subite. La puanteur des cadavres produit des asphyxies; plusieurs exhalaisons occasionnent la paralosie. Le venin même de la vipère n'agit que sur les nerfs : ce venin, étant introduit dans le sang, dégage aussi une vapeur qui affecte le système nerveux dont l'énergie est épuisée; car les animaux mordus par la vipère éprouvent une perte subite de leurs forces et une espèce de paralysie : après quelque tems ils meurent avec tous les signes d'une maladie nerveuse fort violente. Enfin le gaz hydrogène des marais, ou les miasmes des lieux humides et marécageux, produisent un sommeil pesant, mêlé d'engourdissement, qui montre leur force délétère : le cerveau et le système nerveux en sont particulièrement frappés. C'est l'origine des fièvres malignes ou nerveuses, ainsi que je l'ai dit plus haut. On peut donc conclure qu'il existe des poisons, des miasmes ou des gaz, qui détruisent l'énergie vitale : les nerfs deviennent impuissans à recevoir un fluide capable de les ranimer.

Mais on trouve, au contraire, d'autres substances

volatiles qui relèvent l'énergie nerveuse et augmentent la force du corps. Les odeurs, d'abord, excitent la force des nerfs : leur action se communique promptement par les nerfs olfactoires au cerveau. Le vin et les substances aromatiques, qui dégagent aussi dans l'estomac un principe volatil, sont très-efficaces pour relever la force nerveuse: en en prenant, tout le corps est ranimé, et la circulation du sang devient très-rapide. L'opium appartient à cette classe lorsqu'on en prend à une dose modérée : ce remède, étant dans l'estomac, dégage une vapeur qui se répand par tout le système jusqu'aux très-petits vaisseaux. Ce principe volatil a plus de force qu'aucune autre substance : il agite puissamment le fluide qui anime les nerfs ; c'est pourquoi il relève le ton du système et cause la sueur. Par-là on connaît que l'opium est un remède fortifiant.

Mais lorsqu'on en prend une dose considérable, l'agitation du fluide nerveux et le mouvement du sang dans le cerveau sont très-violens ; les liquides s'arrêtent ensuite, produisent une pression sur les fibres de cet organe ; et le fluide qui doit animer le système, ne peut pas pénétrer dans la substance des nerfs. L'opium est alors une substance affaiblissante : il produit un sommeil très-profond; le mouvement du cœur et des artères diminue, et la sueur devient froide. L'opium devient, dans ce cas, un poison très-puissant : sa force médicale se change en venimeuse par des degrés très-légers.

Nous avons encore un exemple de cette variété

d'effets dans le froid qui, étant modéré, resserre les fibres du corps, relève la force nerveuse et augmente aussi la transpiration insensible, parce que l'air sec absorbe les particules de la matière transpirable, enlève une portion de calorique qui, étant répandu dans l'air, se combine dans les corps en attendant la saison favorable qui doit reproduire son action. L'intensité du froid, en causant la constriction des vaisseaux de la peau, arrête la transpiration et fait accumuler beaucoup de calorique dans le corps : cela occasionne des maladies inflammatoires dans des personnes qui, par leur tempérament et par leur régime, y sont disposées. Enfin le froid excessif, en agissant sur tout le corps, mais particulièrement sur des parties où la circulation est lente, absorbe presque tout leur calorique : il s'en suit de l'engourdissement des muscles, qui s'étend ensuite au cerveau et aux nerfs. C'est ainsi que le froid très-fort produit la gangrène des parties et même l'apoplexie.

Les avantages reconnus de l'opium suffisent pour en autoriser la pratique ; mais il faut avouer que les extrêmes sont toujours nuisibles. Il y a des Médecins qui craignent beaucoup sa force narcotique ; c'est pourquoi ils ne l'emploient que dans peu de cas, en soutenant que ce remède ne fait que masquer la maladie. Il y en a d'autres qui voudraient bannir de la médecine presque tous les remèdes, n'ayant envie que de faire usage de l'opium dans un très-grand nombre de maladies. Mais si on ne se précautionne contre cette théorie, il en résultera des maux incalculables à l'humanité ; car il y a des circonstances où l'opium ne convient pas ; et l'on voit que son action devient d'autant plus faible qu'on a davantage accoutumé le malade à en prendre : pour en avoir un effet il faut tous les jours en augmenter la dose.

Il faut être réservé sur l'usage de l'opium dans les paralysies. Quoique plusieurs Médecins croient que ces maladies doivent généralement être traitées par des remèdes stimulans externes et internes, néanmoins, lorsque l'on considère que les paralytiques ont les fibres et les vaisseaux du cerveau très-faibles, ou engorgés de sérosités, l'opium leur serait dangereux, parce qu'il détermine beaucoup de sang vers les vaisseaux de la tête ; il pourrait même produire des apoplexies mortelles. J'ai vu des paralytiques qu'on devait souvent faire saigner : si on ne pratiquait pas ce moyen, ils souffraient des vertiges qui faisaient craindre un nouvel accès d'apoplexie. Cependant dans le cas où des paralytiques sont affectés de tremblement ou de convulsions, l'opium à une dose modérée est fort utile.

Cette vérité, que l'expérience nous a appris, fait concevoir la ressemblance qui existe entre plusieurs maladies nerveuses, quoiqu'elles paraissent tout-à-fait différentes. Leur cause est généralement la diminution de l'énergie des nerfs, qui peut produire leur affaissement comme dans la paralysie et le tremblement ; et le spasme et la rigidité, ainsi que dans les convulsions, et particulièrement dans le tétanos. La compression sur le cerveau, la vapeur du charbon et des métaux causent souvent la paralysie, parce qu'une partie du cerveau et du système nerveux reste sans puissance : les miasmes particuliers qui s'introduisent dans le corps, lorsque dans quelques climats le tems humide et froid succède promptement à la chaleur, et la vapeur qui se dégage des caustiques appliqués sur la peau, occasionnent souvent la roideur des nerfs et des muscles. On a encore quelquefois observé, que tandis que l'hémiplégie attaquait la moitié latérale du corps, les convulsions ou le tétanos affectaient l'autre. On prouve par-là que par la compression qui se fait dans un côté du cerveau, il peut se produire un relâchement de nerfs qui prive une partie du corps de mouvement et de sentiment; et qu'il peut y avoir dans l'autre côté du même organe des particules nuisibles qui causent des irritations, d'où provient la rigidité des nerfs et des fibres musculaires. Cette contraction morbifique, quoique portée à un degré très-considérable, ne montre pas que l'état d'excitement du cerveau et des nerfs soit augmenté, car le pouls des malades est généralement petit, serré et irrégulier. Les remèdes qui augmentent le ton du système peuvent seulement faire dégager les miasmes, ou les particules nuisibles qui affectent le système nerveux : et c'est ainsi que l'opium devient un remède très-efficace des convulsions et du tétanos, ainsi que j'ai dit plus haut.

Il faut généralement traiter les paralytiques par

des remèdes fortifians qui ne produisent pas beaucoup d'irritation aux nerfs, ni de raréfaction dans le sang; c'est pourquoi les bains d'eaux minérales deviennent presque toujours avantageux.

On doit éviter l'opium quand il y a une maladie organique marquée. Ainsi la palpitation du cœur, causée par la mobilité des nerfs, peut facilement être guérie par l'usage des remèdes anti-spasmodiques, et particulièrement par l'opium ; mais lorsqu'elle est produite par une affection organique du cœur ou des gros vaisseaux, telle que l'anévrysme, les polypes, les tumeurs, etc., les remèdes irritans, qui agitent le système, sont nuisibles. De même, l'opium ne produit aucun effet salutaire dans les céphalées chroniques et dans les épilepsies qui proviennent d'un vice organique du crâne ou des membranes qui enveloppent le cerveau.

Les personnes, dont les nerfs de l'estomac sont très-mobiles, ne peuvent souvent soutenir l'action de l'opium : il faut alors l'introduire dans le corps par le moyen des lavemens. Ce remède, étant dans le rectum, répand de-là sa vapeur stimulante qui ranime le système. On peut ainsi démontrer la pénétrabilité des particules qui composent le principe vaporeux de l'opium, car elles pénètrent dans tous les nerfs qu'elles touchent, et se répandent promptement dans tout le système. Plusieurs gaz n'ont pas cette même force de pénétrabilité, d'où provient, qu'étant introduits dans l'estomac ou dans les intestins, ils ne produisent pas les mêmes effets pernicieux, comme lorsqu'on les respire. Ainsi, l'eau chargée de gaz acide carbonique n'excite pas très-impétueusement les nerfs de l'estomac, ni ne les trouble par des irritations violentes : on éprouve au contraire que ce fluide élastique, dans plusieurs cas, est très-utile. On boit avec avantage des eaux minérales chargées de ce gaz qui facilite la digestion : le gaz acide carbonique, étant mêlé avec le chyle, pénètre par les veines lactées dans le système vasculaire, se répand dans le sang ; et il arrive avec lui aux poumons, d'où il se dégage par le moyen de la respiration. Si on applique l'opium en forme liquide sur la peau, il dissipe les douleurs et les spasmes : en plongeant un membre tout nud dans une atmosphère de gaz acide carbonique, il produit très-peu d'effet.

En appliquant l'opium sur un nerf qui est à découvert, il produit un stimulus très-fort : cependant il y a plusieurs espèces d'ulcères où l'application de l'opium est d'un grand avantage.

Dans la partie ulcérée il y a une modification particulière de vaisseaux : cette modification est la cause de la formation du pus qui, dans les ulcères benins, est épais et non fétide ; mais lorsque l'ulcère est invétéré ; que la chair paraît molle, blanchâtre ou livide ; que la matière qui en coule a peu de consistance, ou qu'elle paraît un liquide fort âcre, il se produit souvent des douleurs très-aiguës. Dans ces cas le principe vital n'est pas énergique, et l'habitude du corps est infirme.

Les Médecins conviennent que la matière qui coule par les ulcères n'existe pas dans le sang, car elle ne pourrait pas circuler par les vaisseaux sans produire des irritations fort violentes. Pour obtenir la guérison de cette espèce d'ulcères, le malade d'abord a besoin d'un régime nourrissant, ensuite de remèdes qui puissent relever la force nerveuse ; et l'on doit particulièrement appliquer sur la partie malade des médicamens fortifians capables de détruire la modification morbifique qui engendre cette matière viciée. Les bains particuliers d'eaux minérales, qui retiennent du carbonate de soude en dissolution, sont très-efficaces. Les plaies, occasionnées par une affection scorbutique, guérissent par des bains d'eau sulfureuse. Cette eau est encore utile comme boisson, car elle excite la force des fibres et fait dégager cette âcreté qui entretient l'écoulement ; mais lorsque l'ulcère produit des douleurs aiguës, l'application de l'opium en forme liquide soulage beaucoup le malade. On emploie extérieurement ce remède dans les ulcères invétérés, dans les cancéreux, et en général dans tout ulcère où les fibres sont dans un état d'atonie.

Malgré les avantages qu'on obtient par le moyen de l'opium qui joue un très-grand rôle dans la médecine, il a été long-tems dégradé par la dénomination simple de calmant ou de sédatif, comme s'il ne faisait que suspendre la cause de la maladie, ou en empêcher les effets sans qu'il produise aucune utilité réelle. Mais les observations ont démontré que l'opium guérit parfaitement et radicalement plusieurs maladies. Ce n'est pas le remède unique, mais un remède classique.

En faisant usage de l'opium les Médecins ne doivent que suivre la doctrine de Sydenham. Dans les maladies, disait-il, où l'énergie vitale est au-delà de l'état naturel, on en doit modérer l'action par la saignée, les purgatifs, et par les remèdes rafraîchissans ; mais lorsque la force vitale est languissante, et qu'il se fait dans le corps des mouvemens irréguliers, il ne faut pas seulement soutenir les forces, mais les ranimer et les régler : on remettra ainsi l'équilibre des parties. On obtient cet effet par tous les remèdes fortifians, mais avec beaucoup de promptitude par l'opium.

Les différentes préparations d'opium ne font souvent que le priver d'une partie de sa vertu. On a distingué dans l'opium le principe stimulant et le narcotique : on a cru que le premier étant composé d'élémens volatils qui produisent des irritations sur le système, occasionne de l'agitation dans le corps ; le principe narcotique, au contraire, diminue la sensibilité des nerfs et l'irritabilité des fibres musculaires. Mais ces distinctions ne sont pas appuyées par des observations ; il vaut mieux croire que cette différence d'élémens n'existe point : le principe vaporeux de l'opium est un, et ses effets varient selon la dose qu'on en prend.

Les acides, tels que le vinaigre, diminuent l'action

de l'opium dans l'estomac : ils fixent ses particules volatiles, ou en empêchent le dégagement.

Quelques Médecins très-estimés ont cherché à appliquer la chimie aux phénomènes du corps humain, qui leur paraît un laboratoire où la nature opère en chimiste. Ils soutiennent que l'excès ou le défaut d'oxygène produit plusieurs maladies, et qu'il existe des remèdes qui désoxygènent le système, et d'autres qui en causent l'oxygénation. Le pouls fort et tendu, disent-ils, la chaleur excessive, le coloris très-vif des joues, des lèvres et de la langue annoncent l'oxygénation du sang. Les maladies inflammatoires, la phthisie pulmonaire et le diabète sucré appartiennent particulièrement à cette classe ; mais il se trouve encore des maladies dans lesquelles l'oxygène est en défaut et l'hydrogène en abondance. La faiblesse du pouls, le défaut de chaleur et de rougeur du visage, la flaccidité des fibres et l'inertie des organes caractérisent cette classe de maladies parmi lesquelles on doit principalement remarquer le scorbut. Après cette théorie il a été facile de conclure que les remèdes désoxygénans conviennent dans la première classe des maladies énoncées ; et que les remèdes suroxygénans peuvent guérir les maladies où il y a défaut d'oxygène. Ainsi, on a cru que l'opium est un remède désoxygénant ; c'est pourquoi les acides qui fournissent beaucoup de gaz oxygène, sont l'antidote de l'opium et des autres remèdes stupéfians.

Cette opinion, cependant, n'est pas démontrée par des observations : elle produit même le bouleversement des idées généralement reçues dans la médecine-pratique, et que l'expérience a confirmées. Le vinaigre, d'abord, n'agit pas par l'oxygène : il appartient même à la classe des remèdes affaiblissans : il rafraîchit et décompose le sang, occasionne la pâleur, et il est salutaire dans les maladies inflammatoires. La vapeur de vinaigre est encore utile dans les esquinancies inflammatoires dans lesquelles la rougeur, l'enflûre et la chaleur brûlante du gosier sont accompagnées d'une fièvre aiguë ; et encore dans la péripneumonie où une inflammation phlegmoneuse affecte le poumon. Il est vrai que l'odeur de vinaigre ranime promptement les sens, ainsi qu'on voit dans des personnes tombées en asphyxie; mais cet effet ne provient que de la pénétrabilité et de l'irritation que ses particules occasionnent sur les nerfs olfactoires : le stimulus se communique au cerveau, dont les fibres étant modérément agitées, relèvent l'énergie de l'organe ainsi que du système nerveux. Les particules volatiles du vinaigre doivent être comparées à celles des odeurs. Mais on s'est trompé à l'égard de l'opium qui, étant introduit dans le corps, rappelle la chaleur et rend le pouls plein et fort ; c'est pourquoi ce remède devient très-pernicieux dans les maladies inflammatoires.

F I N.

Ce Mémoire ayant été lu à la Société de Médecine de Paris, on l'a renvoyé à une seconde lecture.

Après la seconde lecture du présent Mémoire, faite par son Auteur, la Société a arrêté qu'il serait remis au Comité de rédaction du Recueil périodique, pour en insérer un extrait dans ledit Recueil. Ce 10 Messidor, an 10.

BOUILLON-LAGRANGE, président.

SEDILLOT, Secrétaire-général.

MORELOT, Secrétaire.

INSTITUT NATIONAL

DES SCIENCES ET DES ARTS.

Extrait des Registres de la Classe des Sciences physiques et mathématiques.

Séance du 3 Frimaire, an 11 de la République française.

Un membre, au nom d'une Commission, lit le Rapport suivant, sur un manuscrit ayant pour titre : *Mémoire sur l'Opium*, présenté par *Michel Attumonelli*, médecin de Naples.

L'auteur s'est proposé d'indiquer les grands avantages que l'on peut retirer de l'Opium dans le traitement des maladies. Les anciens médecins n'ont considéré cet extrait que comme un somnifère propre à calmer les grandes douleurs, par l'assoupissement qu'il procure. Les uns ont regardé cet effet comme dangereux dans un grand nombre de maladies, en s'opposant aux efforts de la nature, en supprimant la crise et donnant lieu à des métastases funestes ; d'autres l'ont rejeté à cause du trouble qu'il causait, comme d'exciter le vomissement, du délire, ce qu'ils attribuent à sa partie vireuse.

Aujourd'hui, sans nier ses effets, on s'est formé une autre idée de son action. Le médecin écossais

Brown lui a attribué une vertu stimulante, tonique, et l'a recommandé dans un grand nombre de maladies pour lesquelles on n'avait jamais osé l'employer. Ses disciples, beaucoup de médecins d'Italie, d'Allemagne, et quelques-uns en France, ont adopté cette opinion, l'ont mise en pratique, et ont publié des observations où ce remède paraît avoir été suivi d'heureux changemens dans les désordres de l'économie animale, qui en étaient l'objet.

Le citoyen *Attumonelli* a embrassé la même doctrine; mais convaincu par l'expérience et l'étude des maladies, que l'application n'en peut pas être générale et sans exception, il établit d'abord les effets de l'Opium, connus de tous les tems. Une petite dose produit un calme et une sérénité agréables; lorsqu'on l'emploie à une dose un peu plus forte, il anime le systême vital, il égaie, donne de la vigueur et de la vivacité dans les sensations et dans les idées; si l'on augmente encore la dose, il occasionne un engourdissement et une stupeur dans les muscles, et donne peu à peu un sommeil, quelquefois tranquille, quelquefois agité par des illusions agréables ou des fantômes hideux; mais pris à des doses extrêmes, il cause le sommeil profond, l'apoplexie et même la mort.

Tous ces effets, selon notre auteur, dépendent du stimulus que l'Opium exerce sur le systême nerveux, dont il relève le ressort et rétablit l'harmonie. Ainsi l'Opium est un stimulant, un fortifiant, dont les effets sont proportionnés à la dose que l'on emploie.

L'auteur parcourt ensuite le tableau des différentes maladies, dans lesquelles ce remède, par son activité, est utile ; et il les range sous cinq divisions qui comprennent plusieurs sous-divisions. Les douleurs, les convulsions, les évacuations abondantes du ventre, les hémorrhagies, de quelque source qu'elles viennent, enfin, les fièvres de tout caractère sont la matière de ces cinq divisions.

Il les analyse les unes après les autres, et de leurs différens symptômes, il conclut que très-fréquemment ces maladies proviennent de la diminution de la force de tous les nerfs et d'une partie du système, d'où résulte la perte de l'équilibre qui doit exister pour la conservation et la perfection des fonctions animales. Il est évident que, dans cet état du système, le remède qui guérira est celui qui rétablira le ton affaibli, qui ranimera la force des nerfs, principes du mouvement musculaire, et par conséquent de la circulation et de toutes les fonctions qui en dépendent, un remède, en un mot, qui rétablira l'équilibre entre toutes les fonctions. Or, l'auteur, d'après son expérience et celles d'autres praticiens, accorde ce pouvoir, cette opération à l'Opium.

Cependant comme la plupart de ces maladies ont quelquefois des caractères manifestes d'inflammation, le citoyen *Attumonelli* avertit qu'alors l'Opium serait très-dangereux, puisque déjà le sang s'est porté avec une vîtesse excessive vers les parties enflammées, et que l'Opium augmenterait encore cette vîtesse par son action stimulante, qui exalterait le ton des nerfs et la force des muscles. Les saignées, les délayans, les émolliens, les purgatifs, dit-il, sont les vrais remèdes qui conviennent dans ce cas. Sa doctrine, en un mot, est celle de *Sydenham*, qu'il présente ainsi. Dans les maladies, disait cet Hippocrate de l'Angleterre, où l'énergie vitale est au-delà de l'état naturel, on en doit modérer l'action par les saignées, par les purgatifs et par les remèdes rafraîchissans ; mais lorsque la force vitale est languissante, et qu'il se fait dans le corps des mouvemens irréguliers, il ne faut pas seulement soutenir les forces, mais les ranimer et les régler ; on remettra ainsi l'équilibre des parties. On obtient cet effet par tous les remèdes fortifians, mais avec beaucoup de promptitude par l'Opium.

Le citoyen *Attumonelli* s'est particulièrement étendu sur la nature et les symptômes des différentes fièvres, et il a spécifié celles et les circonstances dans lesquelles l'Opium est utile et même nécessaire, et celles où il serait nuisible.

Cette discussion, fondée sur beaucoup de détails, ne peut qu'être très-utile, mériter l'attention des médecins et l'accueil de la Classe.

Fait à l'Institut national, le 3 frimaire, an 11 de la République française.

Signé, HALLÉ ; DES-ESSARTZ, *rapporteur*.

La Classe approuve le rapport et en adopte les conclusions.

Certifié conforme à l'original. *A Paris, le 5 frimaire an* 11.

LASSUS, *secrétaire*.

www.ingramcontent.com/pod-product-compliance
Lightning Source LLC
LaVergne TN
LVHW021000090426
835512LV00009B/1991